煤矿水害防治监管监察执法要点

（2022年版）

国家矿山安全监察局

应急管理出版社

·北京·

图书在版编目（CIP）数据

煤矿水害防治监管监察执法要点：2022 年版/国家矿山安全监察局编．--北京：应急管理出版社，2022
ISBN 978-7-5020-9426-3

Ⅰ.①煤… Ⅱ.①国… Ⅲ.①煤矿—矿山防水—执法监督—中国 Ⅳ.①D922.54

中国版本图书馆 CIP 数据核字（2022）第 130139 号

煤矿水害防治监管监察执法要点　2022 年版

编　　者	国家矿山安全监察局
责任编辑	武鸿儒
责任校对	孔青青
封面设计	于春颖
出版发行	应急管理出版社（北京市朝阳区芍药居 35 号　100029）
电　　话	010-84657898（总编室）　010-84657880（读者服务部）
网　　址	www.cciph.com.cn
印　　刷	廊坊市印艺阁数字科技有限公司
经　　销	全国新华书店
开　　本	850mm×1168mm $^1/_{32}$　印张　$3^5/_8$　字数　61 千字
版　　次	2022 年 8 月第 1 版　2022 年 8 月第 1 次印刷
社内编号	20221003　　　　　　　定价　18.00 元

版权所有　违者必究

本书如有缺页、倒页、脱页等质量问题，本社负责调换，电话：010-84657880

国家矿山安全监察局关于印发《煤矿水害防治监管监察执法要点（2022年版）》的通知

矿安〔2022〕86号

各产煤省、自治区及新疆生产建设兵团煤矿安全监管部门，国家矿山安全监察局各省级局，有关中央企业：

现将《煤矿水害防治监管监察执法要点（2022年版）》印发给你们，请遵照执行。

2020年印发的《煤矿水害防治监管监察执法要点（2020年版）》（煤安监调查〔2020〕19号）同时废止。

国家矿山安全监察局
2022年6月23日

目 录

一、防治水专业技术人员 …………………………… 1
二、专门的探放水作业队伍 ………………………… 5
三、专用探放水设备 ………………………………… 10
四、矿井水文地质类型划分 ………………………… 14
五、防治水基础资料 ………………………………… 20
六、煤矿隐蔽致灾因素普查 ………………………… 32
七、水害隐患排查 …………………………………… 39
八、井下探放水 ……………………………………… 45
九、防隔水煤（岩）柱 ……………………………… 52
十、采掘工作面水害分析与评价 …………………… 69
十一、水体下采煤 …………………………………… 71
十二、排水系统 ……………………………………… 77
十三、防水闸门与防水闸墙 ………………………… 86
十四、超层越界 ……………………………………… 91
十五、雨季"三防" …………………………………… 94
十六、应急预案 ……………………………………… 101

一、防治水专业技术人员

（一）检查要点。

1. 每个煤矿必须配备满足工作需要的防治水专业技术人员。

2. 水文地质类型复杂、极复杂的煤矿应当设立专门的防治水机构，配备防治水副总工程师，防治水专业技术人员不少于3人。

3. 防治水专业技术人员、防治水副总工程师必须受过正规院校地质、水文地质专业教育或长期从事煤矿防治水工作。

（二）执法要求。

1. 水文地质类型复杂、极复杂的煤矿未设置专门的防治水机构，或未配备防治水副总工程师、负责防治水工作的专业技术人员的，责令停产整顿，暂扣安全生产许可证；对煤矿处50万元以上200万元以下的罚款；对煤矿负责人处3万元以上15万元以下的罚款。

2. 水文地质类型简单、中等的煤矿未配备负责防治水工作的专业技术人员的，责令停产整顿，暂扣安全生产许可证；对煤矿处50万元以上200万元以下的罚款；对煤矿负责人处3万元以上15万元以下的罚款。

（三）执法依据。

1.《煤矿防治水细则》（以下简称《防治水细则》）第五条。

2.《煤矿安全规程》（以下简称《规程》）第二百八十三条。

3.《煤矿重大事故隐患判定标准》（以下简称《重大隐患标准》）第九条第(二)项、第十八条第(一)项。

4.《国务院关于预防煤矿生产安全事故的特别规定》（以下简称《特别规定》）第八条第（六）项、第（十五）项，第十条第一款、第十一条第一款。

（四）有关解读。

1. 根据《〈煤矿重大事故隐患判定标准〉解读》（以下简称《〈重大隐患标准〉解读》），"专门的防治水机构"是指配备了专职防治水专业技术人员的防治水工作机构，该机构可为独立机构，也可与矿属地测部门合署办公。

2. 根据《〈重大隐患标准〉解读》，"专业技术人员"是指应分别配备，分别负责全矿井相应的技术管理,每个专业至少有 1 名专业技术人员,某一专业只有 1 名专业技术人员的,不得兼职其他专业。

3."长期从事煤矿防治水工作"是指受过正规院校煤矿相关专业教育且从事煤矿防治水工作 3 年以上。

《防治水细则》第五条 煤矿应当根据本单位的水害情况,配备满足工作需要的防治水专业技术人员,配齐专用的探放水设备,建立专门的探放水作业队伍,储备必要的水害抢险救灾设备和物资。

水文地质类型复杂、极复杂的煤矿,还应当设立专门的防治水机构、配备防治水副总工程师。

《规程》第二百八十三条 煤矿企业应当建立健全各项防治水制度,配备满足工作需要的防治水专业技术人员,配齐专用探放水设备,建立专门的探放水作业队伍,储备必要的水害抢险救灾设备和物资。

水文地质条件复杂、极复杂的煤矿,应当设立专门的防治水机构。

《重大隐患标准》第九条第(二)项 "有严重水患,未采取有效措施"重大事故隐患,是指有下列情形之一的:

(二)水文地质类型复杂、极复杂的矿井未设置专门的防治水机构、未配备专门的探放水作业队伍,或者未配齐专用探放水设备的。

《重大隐患标准》第十八条第（一）项 "其他重大事故隐患"，是指有下列情形之一的：

（一）未分别配备专职的矿长、总工程师和分管安全、生产、机电的副矿长，以及负责采煤、掘进、机电运输、通风、地测、防治水工作的专业技术人员的。

《特别规定》第八条第(六)项、第(十五)项 煤矿的通风、防瓦斯、防水、防火、防煤尘、防冒顶等安全设备、设施和条件应当符合国家标准、行业标准，并有防范生产安全事故发生的措施和完善的应急处理预案。

煤矿有下列重大安全生产隐患和行为的，应当立即停止生产，排除隐患：

（六）有严重水患，未采取有效措施的；

（十五）有其他重大安全生产隐患的。

《特别规定》第十条第一款 煤矿有本规定第八条第二款所列情形之一，仍然进行生产的，由县级以上地方人民政府负责煤矿安全生产监督管理的部门或者煤矿安全监察机构责令停产整顿，提出整顿的内容、时间等具体要求，处50万元以上200万元以下的罚款；对煤矿企业负责人处3万元以上15万元以下的罚款。

《特别规定》第十一条第一款 对被责令停产整顿的煤矿，颁发证照的部门应当暂扣采矿许可证、安全生产许可证、煤炭生产许可证、营业执照和矿长资格证、矿长安全资格证。

二、专门的探放水作业队伍

（一）检查要点。

1. 水文地质类型简单、中等的煤矿配备探放水作业人员不少于3人。

2. 水文地质类型复杂、极复杂的煤矿配备探放水作业人员不少于6人。

3. 探放水作业人员必须取得特种作业操作证。

（二）执法要求。

1. 水文地质类型复杂、极复杂的煤矿未配备专门的探放水作业队伍的，责令停产整顿，暂扣安全生产许可证；对煤矿处50万元以上200万元以下的罚款；对煤矿负责人处3万元以上15万元以下的罚款。

2. 水文地质类型简单、中等的煤矿未配备专门的探放水作业队伍的，责令限期改正，处5万元以下的罚款；煤矿拒不执行、逾期未改正的，责令停产整顿，对其直接负责的主管人员和其他直接责任人员处5万元以上10万元以下的罚款。

3. 探放水作业人员未取得特种作业操作证上岗作业的，责令限期改正，处 10 万元以下的罚款；逾期未改正的，责令停产整顿，并处 10 万元以上 20 万元以下的罚款，对其直接负责的主管人员和其他直接责任人员处 2 万元以上 5 万元以下的罚款。

（三）执法依据。

1. 《防治水细则》第五条。
2. 《规程》第二百八十三条。
3. 《特种作业人员安全技术培训考核管理规定》第五条。
4. 《重大隐患标准》第九条第（二）项。
5. 《特别规定》第八条第（六）项，第十条第一款、第十一条第一款。
6. 《安全生产法》第九十七条第（七）项、第一百零二条。

（四）有关解读。

根据《〈重大隐患标准〉解读》，"专门的探放水作业队伍"是指该队伍中有持有《中华人民共和国特种作业操作证》的探放水特种作业人员。探放水工作仅允许该队伍施工，在非探放水期间允许该队伍承担其他施工作业。

《防治水细则》第五条 煤矿应当根据本单位的水害情况，配备满足工作需要的防治水专业技术人员，配齐专用的探放水设备，建立专门的探放水作业队伍，储备必要的水害抢险救灾设备和物资。

水文地质类型复杂、极复杂的煤矿，还应当设立专门的防治水机构、配备防治水副总工程师。

《规程》第二百八十三条 煤矿企业应当建立健全各项防治水制度，配备满足工作需要的防治水专业技术人员，配齐专用探放水设备，建立专门的探放水作业队伍，储备必要的水害抢险救灾设备和物资。

水文地质条件复杂、极复杂的煤矿，应当设立专门的防治水机构。

《特种作业人员安全技术培训考核管理规定》第五条 特种作业人员必须经专门的安全技术培训并考核合格，取得《中华人民共和国特种作业操作证》（以下简称特种作业操作证）后，方可上岗作业。

《重大隐患标准》第九条第（二）项 "有严重水患，未采取有效措施"重大事故隐患，是指有下列情形之一的：

（二）水文地质类型复杂、极复杂的矿井未设置专门的防治水机构、未配备专门的探放水作业队伍，或者未配齐专用探放水设备的。

《特别规定》第八条第（六）项　煤矿的通风、防瓦斯、防水、防火、防煤尘、防冒顶等安全设备、设施和条件应当符合国家标准、行业标准，并有防范生产安全事故发生的措施和完善的应急处理预案。

煤矿有下列重大安全生产隐患和行为的，应当立即停止生产，排除隐患：

（六）有严重水患，未采取有效措施的。

《特别规定》第十条第一款　煤矿有本规定第八条第二款所列情形之一，仍然进行生产的，由县级以上地方人民政府负责煤矿安全生产监督管理的部门或者煤矿安全监察机构责令停产整顿，提出整顿的内容、时间等具体要求，处50万元以上200万元以下的罚款；对煤矿企业负责人处3万元以上15万元以下的罚款。

《特别规定》第十一条第一款　对被责令停产整顿的煤矿，颁发证照的部门应当暂扣采矿许可证、安全生产许可证、煤炭生产许可证、营业执照和矿长资格证、矿长安全资格证。

《安全生产法》第九十七条第（七）项　生产经营单位有下列行为之一的，责令限期改正，处十万元以下的罚款；逾期未改正的，责令停产停业整顿，并处十万元以上二十万元以下的罚款，对其直接负责的主管人员和其他直接责任人员处二万元以上五万元以下的罚款：

（七）特种作业人员未按照规定经专门的安全作业

培训并取得相应资格，上岗作业的。

《安全生产法》第一百零二条 生产经营单位未采取措施消除事故隐患的，责令立即消除或者限期消除，处五万元以下的罚款；生产经营单位拒不执行的，责令停产停业整顿，对其直接负责的主管人员和其他直接责任人员处五万元以上十万元以下的罚款；构成犯罪的，依照刑法有关规定追究刑事责任。

三、专用探放水设备

(一) 检查要点。

1. 水文地质类型简单、中等的煤矿至少配备 2 台专用的探放水钻机及配套设备。

2. 水文地质类型复杂、极复杂的煤矿至少配备 3 台专用的探放水钻机及配套设备。

3. 严禁使用煤电钻等非专用钻机探放水。

(二) 执法要求。

1. 水文地质类型复杂、极复杂的矿井未配齐专用探放水设备仍然进行生产的，责令停产整顿，暂扣安全生产许可证；对煤矿处 50 万元以上 200 万元以下的罚款；对煤矿负责人处 3 万元以上 15 万元以下的罚款。

2. 水文地质类型简单、中等的矿井未配备专用探放水钻机及配套设备的，责令限期改正，处 5 万元以下的罚款；煤矿拒不执行、逾期未改正的，责令停产整顿，对其直接负责的主管人员和其他直接责任人员处 5 万元以上 10 万元以下的罚款。

（三）执法依据。

1.《防治水细则》第五条。

2.《规程》第二百八十三条。

3.《重大隐患标准》第九条第（二）项。

4.《特别规定》第八条第（六）项、第十条第一款、第十一条第一款。

5.《安全生产法》第一百零二条。

（四）有关解读。

根据《〈重大隐患标准〉解读》，"专用探放水设备"是指专用的探放水钻机及配套设备。探放水工作仅允许使用专用探放水设备，在非探放水期间允许专用探放水设备用于其他工程。

《防治水细则》第五条 煤矿应当根据本单位的水害情况，配备满足工作需要的防治水专业技术人员，配齐专用的探放水设备，建立专门的探放水作业队伍，储备必要的水害抢险救灾设备和物资。

水文地质类型复杂、极复杂的煤矿，还应当设立专门的防治水机构、配备防治水副总工程师。

《规程》第二百八十三条 煤矿企业应当建立健全各项防治水制度，配备满足工作需要的防治水专业技

人员，配齐专用探放水设备，建立专门的探放水作业队伍，储备必要的水害抢险救灾设备和物资。

水文地质条件复杂、极复杂的煤矿，应当设立专门的防治水机构。

《重大隐患标准》第九条第（二）项 "有严重水患，未采取有效措施"重大事故隐患，是指有下列情形之一的：

（二）水文地质类型复杂、极复杂的矿井未设置专门的防治水机构、未配备专门的探放水作业队伍，或者未配齐专用探放水设备的。

《特别规定》第八条第（六）项 煤矿的通风、防瓦斯、防水、防火、防煤尘、防冒顶等安全设备、设施和条件应当符合国家标准、行业标准，并有防范生产安全事故发生的措施和完善的应急处理预案。

煤矿有下列重大安全生产隐患和行为的，应当立即停止生产，排除隐患：

（六）有严重水患，未采取有效措施的。

《特别规定》第十条第一款 煤矿有本规定第八条第二款所列情形之一，仍然进行生产的，由县级以上地方人民政府负责煤矿安全生产监督管理的部门或者煤矿安全监察机构责令停产整顿，提出整顿的内容、时间等具体要求，处50万元以上200万元以下的罚款；对煤矿企业负责人处3万元以上15万元以下的罚款。

《特别规定》第十一条第一款　对被责令停产整顿的煤矿，颁发证照的部门应当暂扣采矿许可证、安全生产许可证、煤炭生产许可证、营业执照和矿长资格证、矿长安全资格证。

《安全生产法》第一百零二条　生产经营单位未采取措施消除事故隐患的，责令立即消除或者限期消除，处五万元以下的罚款；生产经营单位拒不执行的，责令停产停业整顿，对其直接负责的主管人员和其他直接责任人员处五万元以上十万元以下的罚款；构成犯罪的，依照刑法有关规定追究刑事责任。

四、矿井水文地质类型划分

（一）检查要点。

1. 矿井应当按照相关指标正确划分矿井水文地质类型，编制矿井水文地质类型报告。

2. 矿井水文地质类型报告由煤矿企业总工程师组织审批。

3. 矿井水文地质类型应当每 3 年修订 1 次；当发生较大以上水害事故或者因突水造成采掘区域被淹的，应当在恢复生产前重新确定矿井水文地质类型。

（二）执法要求。

没有按《防治水细则》要求编制矿井水文地质类型划分报告，或者故意降低矿井水文地质类型级别的，责令停产整顿，暂扣安全生产许可证；对煤矿处 50 万元以上 200 万元以下的罚款；对煤矿负责人处 3 万元以上 15 万元以下的罚款。

（三）执法依据。

1.《防治水细则》第四条、第十二条、第十三条、第十四条。

2.《规程》第二百八十四条。

3.《重大隐患标准》第九条第（一）项。

4.《特别规定》第八条第（六）项、第十条第一款、第十一条第一款。

（四）有关解读。

根据《〈重大隐患标准〉解读》，"没有按《防治水细则》要求编制矿井水文地质类型划分报告，或者故意降低矿井水文地质类型级别的"属于《重大隐患标准》第九条第（一）项"未查明矿井水文地质条件"所列情形之一。

《防治水细则》第四条　煤炭企业、煤矿的主要负责人（法定代表人、实际控制人，下同）是本单位防治水工作的第一责任人，总工程师（技术负责人，下同）负责防治水的技术管理工作。

《防治水细则》第十二条　根据井田内受采掘破坏或者影响的含水层及水体、井田及周边老空（火烧区，下同）水分布状况、矿井涌水量、突水量、开采受水害影响程度和防治水工作难易程度，将矿井水文地质类型划分为简单、中等、复杂和极复杂4种类型（表2-1）。

《防治水细则》第十三条 矿井应当收集水文地质类型划分各项指标的相关资料，分析矿井水文地质条件，编制矿井水文地质类型报告，由煤炭企业总工程师组织审批。

矿井水文地质类型报告，应当包括下列主要内容：

（一）矿井所在位置、范围及四邻关系，自然地理，防排水系统等情况；

（二）以往地质和水文地质工作评述；

（三）井田地质、水文地质条件；

（四）矿井充水因素分析，井田及周边老空水分布状况；

（五）矿井涌水量的构成分析，主要突水点位置、突水量及处理情况；

（六）矿井未来3年采掘和防治水规划，开采受水害影响程度和防治水工作难易程度评价；

（七）矿井水文地质类型划分结果及防治水工作建议。

《防治水细则》第十四条 矿井水文地质类型应当每3年修订1次。当发生较大以上水害事故或者因突水造成采掘区域或矿井被淹的，应当在恢复生产前重新确

表2-1 矿井水文地质类型

分类依据		类别			
		简单	中等	复杂	极复杂
井田内受采掘破坏或者影响的含水层及水体	含水层（水体）性质及补给条件	为孔隙、裂隙、岩溶含水层，补给条件差，补给来源少或者极少	为孔隙、裂隙、岩溶含水层，补给条件一般，有一定的补给水源	为岩溶含水层、厚层砂砾石含水层、老空水、地表水，其补给条件好，补给水源充沛	为岩溶含水层、老空水、地表水，其补给条件很好，补给水源极其充沛，地表泄水条件差
	单位涌水量 q/($L \cdot s^{-1} \cdot m^{-1}$)	$q \leq 0.1$	$0.1 < q \leq 1.0$	$1.0 < q \leq 5.0$	$q > 5.0$
井田及周边老空水分布状况		无老空积水	位置、范围、积水量清楚	位置、范围或者积水量不清楚	位置、范围、积水量不清楚
矿井涌水量/($m^3 \cdot h^{-1}$)	正常 Q_1	$Q_1 \leq 180$	$180 < Q_1 \leq 600$	$600 < Q_1 \leq 2100$	$Q_1 > 2100$
	最大 Q_2	$Q_2 \leq 300$	$300 < Q_2 \leq 1200$	$1200 < Q_2 \leq 3000$	$Q_2 > 3000$

定矿井水文地质类型。

《规程》第二百八十四条 煤矿应当编制本单位防治水中长期规划（5～10年）和年度计划，并组织实施。

矿井水文地质类型应当每3年修订一次。发生重大及以上突（透）水事故后，矿井应当在恢复生产前重新确定矿井水文地质类型。

水文地质条件复杂、极复杂矿井应当每月至少开展1次水害隐患排查，其他矿井应当每季度至少开展1次。

《重大隐患标准》第九条第（一）项 "有严重水患，未采取有效措施"重大事故隐患，是指有下列情形之一的：

（一）未查明矿井水文地质条件和井田范围内采空区、废弃老窑积水等情况而组织生产建设的。

《特别规定》第八条第（六）项 煤矿的通风、防瓦斯、防水、防火、防煤尘、防冒顶等安全设备、设施和条件应当符合国家标准、行业标准，并有防范生产安全事故发生的措施和完善的应急处理预案。

煤矿有下列重大安全生产隐患和行为的，应当立即停止生产，排除隐患：

（六）有严重水患，未采取有效措施的。

《特别规定》第十条第一款 煤矿有本规定第八条第二款所列情形之一，仍然进行生产的，由县级以上地方人民政府负责煤矿安全生产监督管理的部门或者煤矿安全监察机构责令停产整顿，提出整顿的内容、时间等具体要求，处50万元以上200万元以下的罚款；对煤矿企业负责人处3万元以上15万元以下的罚款。

《特别规定》第十一条第一款 对被责令停产整顿的煤矿，颁发证照的部门应当暂扣采矿许可证、安全生产许可证、煤炭生产许可证、营业执照和矿长资格证、矿长安全资格证。

五、防治水基础资料

（一）检查要点。

1. 井田地质勘探报告、建井地质报告、生产地质报告。

2. 矿井涌水量、钻孔水位、突水点、封闭不良钻孔、采空区相关资料等台账。

3. 矿井综合水文地质图、矿井综合水文地质柱状图、矿井水文地质剖面图、矿井充水性图、矿井涌水量与相关因素动态曲线图等相关图件。

（二）执法要求。

1. 报告、台账、图件不齐全的，责令限期改正，处5万元以下的罚款；煤矿拒不执行、逾期未改正的，责令停产整顿，对其直接负责的主管人员和其他直接责任人员处5万元以上10万元以下的罚款。

2. 未在矿井充水性图、采掘工程平面图上标明积水线、探水线、警戒线的，责令停产整顿，暂扣安全生产许可证；对煤矿处50万元以上200万元以下的罚款；

对煤矿负责人处 3 万元以上 15 万元以下的罚款。

3. 图纸作假、隐瞒采掘工作面的，责令停产整顿，暂扣安全生产许可证；对煤矿处 50 万元以上 200 万元以下的罚款；对煤矿负责人处 3 万元以上 15 万元以下的罚款。

（三）执法依据。

1.《防治水细则》第四条、第十五条、第十六条、第十七条。

2.《规程》第三十条、第三十三条、第二百八十六条、第二百八十七条。

3.《重大隐患标准》第九条第（一）项、第十八条第（五）项。

4.《特别规定》第八条第（十五）项、第十条第一款、第十一条第一款。

5.《安全生产法》第一百零二条。

（四）有关解读。

1. 根据《〈重大隐患标准〉解读》，"未在矿井充水性图、采掘工程平面图上标明积水线、探水线、警戒线的"属于《重大隐患标准》第九条第（一）项"未查明矿井水文地质条件"所列情形之一。

2. 根据《〈重大隐患标准〉解读》，"图纸作假、隐瞒采掘工作面"是指以逃避监管监察为目的，虚假绘制工作面进度、隐瞒工作面的（包括安全监控系统、人员位置监测系统图纸作假）。

《防治水细则》第四条 煤炭企业、煤矿的主要负责人（法定代表人、实际控制人，下同）是本单位防治水工作的第一责任人，总工程师（技术负责人，下同）负责防治水的技术管理工作。

《防治水细则》第十五条 矿井应当根据实际情况建立下列防治水基础台账，并至少每半年整理完善1次。

（一）矿井涌水量观测成果台账；

（二）气象资料台账；

（三）地表水文观测成果台账；

（四）钻孔水位、井泉动态观测成果及河流渗漏台账；

（五）抽（放）水试验成果台账；

（六）矿井突水点台账；

（七）井田地质钻孔综合成果台账；

（八）井下水文地质钻孔成果台账；

（九）水质分析成果台账；

（十）水源水质受污染观测资料台账；

（十一）水源井（孔）资料台账；

（十二）封孔不良钻孔资料台账；

（十三）矿井和周边煤矿采空区相关资料台账；

（十四）防水闸门（墙）观测资料台账；

（十五）物探成果验证台账；

（十六）其他专门项目的资料台账。

《防治水细则》第十六条 建设矿井应当按照矿井建设的有关规定，在建井期间收集、整理、分析有关水文地质资料，并在建井完成后将井田地质勘探报告、建井设计及建井地质报告等资料全部移交给生产单位。

建设矿井应当编制下列主要成果及图件：

（一）水文地质观测台账和成果；

（二）突水点台账，防治水的技术总结，注浆堵水记录和有关资料；

（三）井筒及主要巷道水文地质实测剖面；

（四）建井水文地质补充勘探成果（如井筒检查孔等）；

（五）建井地质报告，应当包含防治水的相关的内容。

《防治水细则》第十七条 生产矿井应当编制包括防治水内容的生产地质报告，并按照规定编制下列水文地质图件：

（一）矿井综合水文地质图；

（二）矿井综合水文地质柱状图；

（三）矿井水文地质剖面图；

（四）矿井充水性图；

（五）矿井涌水量与相关因素动态曲线图。

矿井水文地质图件主要内容及要求见附录二，并至少每半年修订1次。

其他有关防治水图件由矿井根据实际需要编制。

《煤矿防治水细则》附录二
矿井水文地质图件主要内容及要求

一、矿井综合水文地质图

矿井综合水文地质图是反映矿井水文地质条件的图纸之一，也是进行矿井防治水工作的主要参考依据。综合水文地质图一般在井田地形地质图的基础上编制，比例尺为1∶2000、1∶5000或者1∶10000。主要内容有：

1. 基岩含水层露头（包括岩溶）及冲积层底部含水层（流砂、砂砾、砂礓层等）的平面分布状况；

2. 地表水体，水文观测站，井、泉分布位置及陷落柱范围；

3. 水文地质钻孔及其抽水试验成果；

4. 基岩等高线（适用于隐伏煤田）；

5. 已开采井田井下主干巷道、矿井回采范围及井下突水点资料；

6. 主要含水层等水位（压）线；

7. 老窑、小煤矿位置及开采范围和涌水情况；

8. 有条件时，划分水文地质单元，进行水文地质分区。

二、矿井综合水文地质柱状图

矿井综合水文地质柱状图是反映含水层、隔水层及煤层之间的组合关系和含水层层数、厚度及富水性的图纸。一般采用相应比例尺随同矿井综合水文地质图一道编制。主要内容有：

1. 含水层年代地层名称、厚度、岩性、岩溶发育情况；

2. 各含水层水文地质试验参数；

3. 含水层的水质类型；

4. 含水层与主要开采煤层之间距离关系。

三、矿井水文地质剖面图

矿井水文地质剖面图主要是反映含水层、隔水层、褶曲、断裂构造等和煤层之间的空间关系。主要内容有：

1. 含水层岩性、厚度、埋藏深度、岩溶裂隙发育深度；

2. 水文地质孔、观测孔及其试验参数和观测资料；

3. 地表水体及其水位；

4. 主要井巷位置；

5. 主要开采煤层位置。

矿井水文地质剖面图一般以走向、倾向有代表性的地质剖面为基础。

四、矿井充水性图

矿井充水性图是综合记录井下实测水文地质资料的图纸，是分析矿井充水规律、开展水害预测及制定防治水措施的主要依据之一，也是矿井防治水的必备图纸。一般采用采掘工程平面图作底图进行编制，比例尺为1∶2000或者1∶5000。主要内容有：

1. 各种类型的出（突）水点应当统一编号，并注明出水日期、涌水量、水位（水压）、水温及涌水特征；

2. 古井、废弃井巷、采空区、老硐等的积水范围和积水量；

3. 井下防水闸门、防水闸墙、放水孔、防隔水煤（岩）柱、泵房、水仓、水泵台数及能力；

4. 井下输水路线；

5. 井下涌水量观测站（点）的位置；

6. 其他。

矿井充水性图应当随采掘工程的进展定期补充填绘。

五、矿井涌水量与相关因素动态曲线图

矿井涌水量与相关因素动态曲线是综合反映矿井充水变化规律，预测矿井涌水趋势的图件。各矿井应当根据具体情况，选择不同的相关因素绘制下列几种关系曲线图。

1. 矿井涌水量与降水量、地下水位关系曲线图；

2. 矿井涌水量与单位走向开拓长度、单位采空面积关系曲线图；

3. 矿井涌水量与地表水补给量或者水位关系曲线图；

4. 矿井涌水量随开采深度变化曲线图。

六、矿井含水层等水位（压）线图

等水位（压）线图主要反映地下水的流场特征。水文地质复杂型和极复杂型的矿井，对主要含水层（组）应当坚持定期绘制等水位（压）线图，以对照分析矿井疏干（降）动态。比例尺为 1：2000、1：5000 或者 1：10000。主要内容有：

1. 含水层、煤层露头线，主要断层线；

2. 水文地质孔、观测孔、井、泉的地面标高，孔

（井、泉）口标高和地下水位（压）标高；

3. 河、渠、山塘、水库、塌陷积水区等地表水体观测站的位置、地面标高和同期水面标高；

4. 矿井井口位置、开拓范围和公路、铁路交通干线；

5. 地下水等水位（压）线和地下水流向；

6. 可采煤层底板隔水层等厚线（当受开采影响的主含水层在可采煤层底板下时）；

7. 井下涌水、突水点位置及涌水量。

七、区域水文地质图

区域水文地质图一般在1∶10000～1∶100000区域地质图的基础上经过区域水文地质调查之后编制。成图的同时，尚需写出编图说明书。矿井水文地质复杂型和极复杂型矿井，应当认真加以编制。主要内容有：

1. 地表水系、分水岭界线、地貌单元划分；

2. 主要含水层露头，松散层等厚线；

3. 地下水天然出露点及人工揭露点；

4. 岩溶形态及构造破碎带；

5. 水文地质钻孔及其抽水试验成果；

6. 地下水等水位线，地下水流向；

7. 划分地下水补给、径流、排泄区；

8. 划分不同水文地质单元，进行水文地质分区；

9. 附相应比例尺的区域综合水文地质柱状图、区域水文地质剖面图。

八、矿区岩溶图

岩溶特别发育的矿区，应当根据调查和勘探的实际资料编制矿区岩溶图，为研究岩溶的发育分布规律和矿井岩溶水防治提供参考依据。

岩溶图的形式可以根据具体情况编制成岩溶分布平面图、岩溶实测剖面图或者展开图等。

1. 岩溶分布平面图可以在矿井综合水文地质图的基础上填绘岩溶地貌、汇水封闭洼地、落水洞、地下暗河的进出水口、天窗、地下水的天然出露点及人工出露点、岩溶塌陷区、地表水和地下水的分水岭等；

2. 岩溶实测剖面图或者展开图，根据对溶洞或者暗河的实际测绘资料编制。

《规程》第三十条　基建矿井、露天煤矿移交生产前，必须编制建井（矿）地质报告，并由煤矿企业技术负责人组织审定。

《规程》第三十三条　生产矿井应当每 5 年修编矿井地质报告。地质条件变化影响地质类型划分时，应当在 1 年内重新进行地质类型划分。

《规程》第二百八十六条　矿井应当对主要含水层进行长期水位、水质动态观测，设置矿井和各出水点涌水量观测点，建立涌水量观测成果等防治水基础台账，并开展水位动态预测分析工作。

《规程》第二百八十七条 矿井应当编制下列防治水图件，并至少每半年修订1次：

（一）矿井充水性图。

（二）矿井涌水量与相关因素动态曲线图。

（三）矿井综合水文地质图。

（四）矿井综合水文地质柱状图。

（五）矿井水文地质剖面图。

《重大隐患标准》第九条第（一）项 "有严重水患，未采取有效措施"重大事故隐患，是指有下列情形之一的：

（一）未查明矿井水文地质条件和井田范围内采空区、废弃老窑积水等情况而组织生产建设的。

《重大隐患标准》第十八条第（五）项 "其他重大事故隐患"，是指有下列情形之一的：

（五）图纸作假、隐瞒采掘工作面，提供虚假信息、隐瞒下井人数，或者矿长、总工程师（技术负责人）履行安全生产岗位责任制及管理制度时伪造记录，弄虚作假的。

《特别规定》第八条第（十五）项 煤矿的通风、防瓦斯、防水、防火、防煤尘、防冒顶等安全设备、设施和条件应当符合国家标准、行业标准，并有防范生产安全事故发生的措施和完善的应急处理预案。

煤矿有下列重大安全生产隐患和行为的,应当立即停止生产,排除隐患:

(十五)有其他重大安全生产隐患的。

《特别规定》第十条第一款 煤矿有本规定第八条第二款所列情形之一,仍然进行生产的,由县级以上地方人民政府负责煤矿安全生产监督管理的部门或者煤矿安全监察机构责令停产整顿,提出整顿的内容、时间等具体要求,处50万元以上200万元以下的罚款;对煤矿企业负责人处3万元以上15万元以下的罚款。

《特别规定》第十一条第一款 对被责令停产整顿的煤矿,颁发证照的部门应当暂扣采矿许可证、安全生产许可证、煤炭生产许可证、营业执照和矿长资格证、矿长安全资格证。

《安全生产法》第一百零二条 生产经营单位未采取措施消除事故隐患的,责令立即消除或者限期消除,处五万元以下的罚款;生产经营单位拒不执行的,责令停产停业整顿,对其直接负责的主管人员和其他直接责任人员处五万元以上十万元以下的罚款;构成犯罪的,依照刑法有关规定追究刑事责任。

六、煤矿隐蔽致灾因素普查

（一）检查要点。

1. 具有煤矿隐蔽致灾因素普查相关资料。

2. 编制煤矿防治水"三区"管理报告，分煤层划分可采区、缓采区、禁采区。

3. 严禁在禁采区内进行采掘作业，严禁在缓采区内进行回采作业和与水害探查、治理无关的掘进作业。

4. 煤矿防治水"三区"管理报告应当由煤矿上级公司总工程师组织审批，无上级公司的煤矿应当聘请专家会审。

（二）执法要求。

1. 未查明矿井水文地质条件和井田范围内采空区、废弃老窑积水等情况而组织生产建设的，责令停产整顿，暂扣安全生产许可证；对煤矿处50万元以上200万元以下的罚款；对煤矿负责人处3万元以上15万元以下的罚款。

2. 在禁采区内进行采掘作业或者在缓采区内进行

回采作业和与水害探查、治理无关的掘进作业的，责令立即停止作业，处5万元以下的罚款；煤矿拒不执行的，责令停产整顿，对其直接负责的主管人员和其他直接责任人员处5万元以上10万元以下的罚款。

（三）执法依据。

1.《煤矿地质工作规定》第二十九条、第三十条、第三十一条。

2.《防治水细则》第七十六条、第七十七条。

3.《规程》第三十二条、第二百九十八条。

4.《重大隐患标准》第九条第（一）项。

5.《特别规定》第八条第（六）项、第十条第一款、第十一条第一款。

6.《安全生产法》第一百零二条。

（四）有关解读。

1. 根据《〈重大隐患标准〉解读》，"未查明矿井水文地质条件"是指存在下列情形之一的：

（1）未进行井田水文地质勘探，或者未查明矿井充水水源、导水通道及充水强度，不能满足矿井防治水工程设计或安全生产建设要求。

（2）矿井水文地质条件发生较大变化，突水水源、突水量与勘探报告差别较大，或出现新的含（导）水构造，矿井水文地质类型进一步复杂化，原有勘探成果资料难以满足生产建设需要，未进行矿井水文地质补充勘探。

（3）未查明井田主要含水层富水性，地下水补、径、排等水文地质条件。

2. 根据《〈重大隐患标准〉解读》，"未查明井田范围内采空区、废弃老窑积水等情况"是指存在下列情形之一的：

（1）未查明井田范围内采空区、废弃老窑的积水位置、范围、水压、积水量。

（2）采空区、废弃老窑范围不清、积水情况不明的区域，未进行综合探查，或者未编制矿井老空水害评价报告，或者未对受采空区积水影响的煤层编制分区管理设计并划分可采区、缓采区和禁采区的。

3. 根据《煤矿防治水"三区"管理办法》，煤矿应当根据受地表水、顶板水、底板水、老空水、构造水等不同类型水害威胁程度，分煤层划分可采区、缓采区、禁采区，编制煤矿防治水"三区"管理报告。

《煤矿地质工作规定》第二十九条 煤矿隐蔽致灾地质因素主要包括：采空区、废弃老窑（井筒）、封闭不良钻孔、断层、裂隙、褶曲、陷落柱、瓦斯富集区、导水裂缝带、地下含水体、井下火区、古河床冲刷带、天窗等不良地质体。

每个煤矿应结合实际情况开展隐蔽致灾地质因素普查，提出普查报告，由煤矿企业总工程师组织审定。

小煤矿集中的矿区，由地方人民政府组织进行区域性隐蔽致灾地质因素普查，制定防范事故的措施。

《煤矿地质工作规定》第三十条 采空区普查，应采用调查访问、物探、化探和钻探等方法进行，查明采空区分布、形成时间、范围、积水状况、自然发火情况和有害气体等。应将采空区相关信息标绘在采掘（剥）工程平面图和矿井充水性图上，建立煤矿和周边采空区相关资料台账。

《煤矿地质工作规定》第三十一条 废弃老窑（井筒）和封闭不良钻孔普查，应收集废弃老窑（井筒）闭坑时间、开采煤层、范围，是否开采煤柱和充填情况等资料。井田内及周边施工的所有钻孔都要标注在图上，分析每个钻孔封孔的质量。建立井田内废弃老窑（井筒）、水源井、封闭不良钻孔台账。

《防治水细则》第七十六条 煤矿应当开展老空分布范围及积水情况调查工作，查清矿井和周边老空及积水情况，调查内容包括老空位置、形成时间、范围、层位、积水情况、补给来源等。老空范围不清、积水情况不明的区域，必须采取井上下结合的钻探、物探、化探等综合技术手段进行探查，编制矿井老空水害评价报告，制定老空水防治方案。

（一）地面物探可以采用地震勘探方法探查老空范围，采用直流电法、瞬变电磁法、可控源音频大地电磁测深法探查老空积水情况；

（二）井下物探可以采用槽波地震勘探、瑞利波勘探、无线电波透视法（坑透）探测老空边界，采用瞬变电磁法、直流电法、音频电穿透法探测老空积水情况；

（三）物探等探查圈定的异常区应当采用钻探方法验证；

（四）可以采用化探方法分析老空水来源及补给情况。

《防治水细则》第七十七条 煤矿应当根据老空水查明程度和防治措施落实到位程度，对受老空水影响的煤层按威胁程度编制分区管理设计，由煤矿总工程师组织审批。老空积水情况清楚且防治措施落实到位的区域，划为可采区；否则，划为缓采区。缓采区由煤矿地测部门编制老空水探查设计，通过井上下探查手段查明老空积水情况，防治措施落实到位后，方可转为可采区；治理后仍不能保证安全开采的，划为禁采区。

《规程》第三十二条 煤矿必须结合实际情况开展隐蔽致灾地质因素普查或探测工作，并提出报告，由矿总工程师组织审定。

井工开采形成的老空区威胁露天煤矿安全时，煤矿应当制定安全措施。

《规程》第二百九十八条 在采掘工程平面图和矿井充水性图上必须标绘出井巷出水点的位置及其涌水量、积水的井巷及采空区范围、底板标高、积水量、地表水体和水患异常区等。在水淹区域应当标出积水线、探水线和警戒线的位置。

《重大隐患标准》第九条第（一）项 "有严重水患，未采取有效措施"重大事故隐患，是指有下列情形之一的：

（一）未查明矿井水文地质条件和井田范围内采空区、废弃老窑积水等情况而组织生产建设的。

《特别规定》第八条第（六）项 煤矿的通风、防瓦斯、防水、防火、防煤尘、防冒顶等安全设备、设施和条件应当符合国家标准、行业标准，并有防范生产安全事故发生的措施和完善的应急处理预案。

煤矿有下列重大安全生产隐患和行为的，应当立即停止生产，排除隐患：

（六）有严重水患，未采取有效措施的。

《特别规定》第十条第一款 煤矿有本规定第八条第二款所列情形之一，仍然进行生产的，由县级以上地方人民政府负责煤矿安全生产监督管理的部门或者煤矿安全监察机构责令停产整顿，提出整顿的内容、时间等具体要求，处 50 万元以上 200 万元以下的罚款；对煤矿企业负责人处 3 万元以上 15 万元以下的罚款。

《特别规定》第十一条第一款 对被责令停产整顿的煤矿，颁发证照的部门应当暂扣采矿许可证、安全生产许可证、煤炭生产许可证、营业执照和矿长资格证、矿长安全资格证。

《安全生产法》第一百零二条 生产经营单位未采取措施消除事故隐患的，责令立即消除或者限期消除，处五万元以下的罚款；生产经营单位拒不执行的，责令停产停业整顿，对其直接负责的主管人员和其他直接责任人员处五万元以上十万元以下的罚款；构成犯罪的，依照刑法有关规定追究刑事责任。

七、水害隐患排查

（一）检查要点。

1. 水文地质类型复杂、极复杂矿井每月至少开展1次水害隐患排查。

2. 其他矿井每季度至少开展1次。

（二）执法要求。

1. 未将水害隐患排查治理情况如实记录或者未向从业人员通报的，责令限期改正，处10万元以下的罚款；逾期未改正的，责令停产整顿，并处10万元以上20万元以下的罚款，对其直接负责的主管人员和其他直接责任人员处2万元以上5万元以下的罚款。

2. 未建立水害事故隐患排查治理制度或者重大水害事故隐患排查治理情况未按照规定报告的，责令限期改正，处10万元以下的罚款；逾期未改正的，责令停产整顿，并处10万元以上20万元以下的罚款，对其直接负责的主管人员和其他直接责任人员处2万元以上5万元以下的罚款。

（三）执法依据。

1.《防治水细则》第三十七条。

2.《规程》第四条、第二百八十四条。

3.《安全生产法》第九十七条第（五）项、第一百零一条第（五）项。

《防治水细则》第三十七条　矿井应当加强充水条件分析，认真开展水害预测预报及隐患排查工作。

（一）每年年初，根据年度采掘计划，结合矿井水文地质资料，全面分析水害隐患，提出水害分析预测表及水害预测图；

（二）水文地质类型复杂、极复杂矿井应当每月至少开展1次水害隐患排查，其他矿井应当每季度至少开展1次；

（三）在采掘过程中，对预测图、表逐月进行检查，不断补充和修正。发现水患险情，及时发出水害通知单，并报告矿井调度室；

（四）采掘工作面年度和月度水害预测资料及时报送煤矿总工程师及生产安全部门。

采掘工作面水害分析预报表和预测图模式见附录三。

《煤矿防治水细则》附录三
采掘工作面水害分析预报表和预测图模式

一、采掘工作面水害分析预报表（附表3-1）

附表3-1 采掘工作面水害分析预测表

矿井	项号	预测水害地点	采掘队	工作面上下标高	煤层名称	煤层厚度/m	煤层倾角/(°)	采掘时间	水害类型	水文地质简述	预防及处理意见	责任单位	备注
	1												
	2												
	3												
	4												
	5												

注：水害类型指地表水、孔隙水、裂隙水、岩溶水、老空水、断裂构造水、陷落柱水、钻孔水、顶板水、底板水等。

二、水害预测图

在矿井采掘工程图（月报图）上，按预报表上的项目，在可能发生水害的部位，用红颜色标上水害类型符号。符号图例如附图3-1所示。

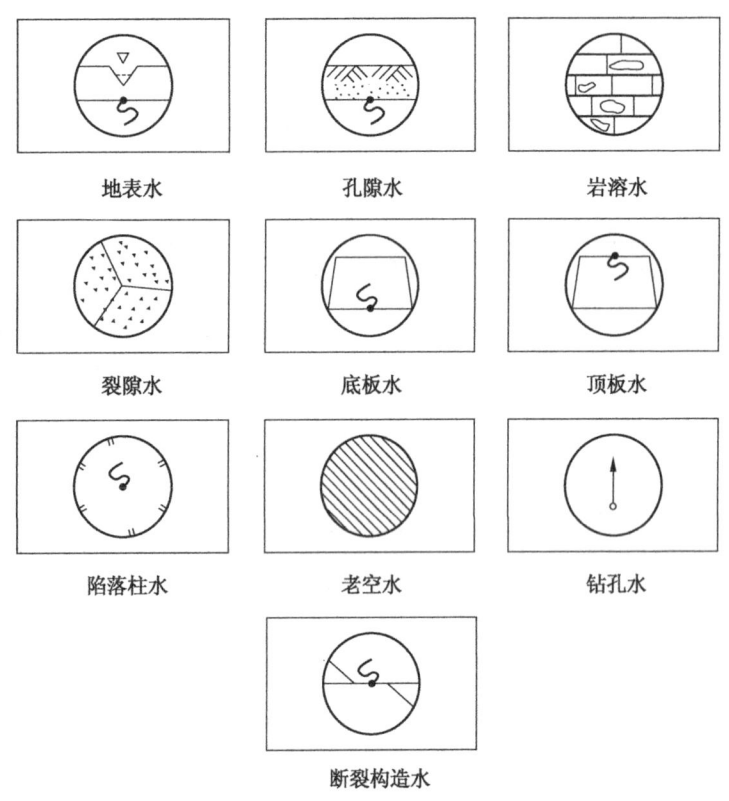

附图3-1 矿井采掘工作面水害预测图例

《规程》第四条 从事煤炭生产与煤矿建设的企业（以下统称煤矿企业）必须遵守国家有关安全生产的法律、法规、规章、规程、标准和技术规范。

煤矿企业必须加强安全生产管理，建立健全各级负责人、各部门、各岗位安全生产与职业病危害防治责任制。

煤矿企业必须建立健全安全生产与职业病危害防治目标管理、投入、奖惩、技术措施审批、培训、办公会议制度，安全检查制度，安全风险分级管控工作制度，事故隐患排查、治理、报告制度，事故报告与责任追究制度等。

煤矿企业必须制定重要设备材料的查验制度，做好检查验收和记录，防爆、阻燃抗静电、保护等安全性能不合格的不得入井使用。

煤矿企业必须建立各种设备、设施检查维修制度，定期进行检查维修，并做好记录。

煤矿必须制定本单位的作业规程和操作规程。

《规程》第二百八十四条 煤矿应当编制本单位防治水中长期规划（5~10年）和年度计划，并组织实施。

矿井水文地质类型应当每3年修订一次。发生重大及以上突（透）水事故后，矿井应当在恢复生产前重新确定矿井水文地质类型。

水文地质条件复杂、极复杂矿井应当每月至少开展1次水害隐患排查，其他矿井应当每季度至少开展1次。

《安全生产法》第九十七条第（五）项 生产经营

单位有下列行为之一的，责令限期改正，处十万元以下的罚款；逾期未改正的，责令停产停业整顿，并处十万元以上二十万元以下的罚款，对其直接负责的主管人员和其他直接责任人员处二万元以上五万元以下的罚款：

（五）未将事故隐患排查治理情况如实记录或者未向从业人员通报的。

《安全生产法》第一百零一条第（五）项 生产经营单位有下列行为之一的，责令限期改正，处十万元以下的罚款；逾期未改正的，责令停产停业整顿，并处十万元以上二十万元以下的罚款，对其直接负责的主管人员和其他直接责任人员处二万元以上五万元以下的罚款；构成犯罪的，依照刑法有关规定追究刑事责任：

（五）未建立事故隐患排查治理制度，或者重大事故隐患排查治理情况未按照规定报告的。

八、井下探放水

（一）检查要点。

1. 采掘工作面遇有下列情况之一的，必须进行探放水：

（1）接近水淹或者可能积水的井巷、老空或者相邻煤矿时；

（2）接近含水层、导水断层、溶洞或者导水陷落柱时；

（3）打开隔离煤柱放水时；

（4）接近可能与河流、湖泊、水库、蓄水池、水井等相通的导水通道时；

（5）接近有出水可能的钻孔时；

（6）接近水文地质条件不清的区域时；

（7）接近有积水的灌浆区时；

（8）接近其他可能突水的地区时。

2. 严格执行井下探放水"两探"要求（必须同时采用物探、钻探两种方法查明采掘工作面及周边水文地质条件，做到相互验证）。

3. 顶、底板存在强富水含水层且有突水危险的采掘工作面，应当提前编制防治水设计，制定并落实水害防治措施。

4. 在火成岩、砂岩、灰岩等厚层坚硬岩层下开采受离层水威胁的采煤工作面，应当分析探查离层发育的层位和导含水情况，超前采取防治措施。

5. 严禁采掘工作面边探放水边进行采掘活动。

（二）执法要求。

1. 在需要探放水的区域进行采掘作业未按照国家规定进行探放水的，责令停产整顿，暂扣安全生产许可证；对煤矿处50万元以上200万元以下的罚款；对煤矿负责人处3万元以上15万元以下的罚款。

2. 采掘工作面边探放水边进行采掘活动的，责令立即停止作业，处5万元以下的罚款；煤矿拒不执行的，责令停产整顿，对其直接负责的主管人员和其他直接责任人员处5万元以上10万元以下的罚款。

（三）执法依据。

1. 《防治水细则》第三条、第三十八条、第三十九条。

2. 《规程》第二百八十二条、第三百零三条、第三百一十七条、第三百一十八条。

3.《重大隐患标准》第九条第（三）项。

4.《特别规定》第八条第（六）项、第十条第一款、第十一条第一款。

5.《安全生产法》第一百零二条。

（四）有关解读。

根据《〈重大隐患标准〉解读》，"在需要探放水的区域进行采掘作业未按照国家规定进行探放水的"是指违反《规程》第三百一十七条有关规定，采掘工作面遇"检查要点1"所列情况之一，未进行探放水的。

"接近"是指采掘工作面达到探水线位置。探水线根据水头值高低、煤（岩）层厚度和强度等参数计算确定。

《防治水细则》第三条 煤矿防治水工作应当坚持预测预报、有疑必探、先探后掘、先治后采的原则，根据不同水文地质条件，采取探、防、堵、疏、排、截、监等综合防治措施。

煤矿必须落实防治水的主体责任，推进防治水工作由过程治理向源头预防、局部治理向区域治理、井下治理向井上下结合治理、措施防范向工程治理、治水为主向治保结合的转变，构建理念先进、基础扎实、勘探清楚、科技攻关、综合治理、效果评价、应急处置的防治水工作体系。

《防治水细则》第三十八条 在地面无法查明水文地质条件时,应当在采掘前采用物探、钻探或者化探等方法查清采掘工作面及其周围的水文地质条件。

采掘工作面遇有下列情况之一的,必须进行探放水:

(一)接近水淹或者可能积水的井巷、老空或者相邻煤矿时;

(二)接近含水层、导水断层、溶洞或者导水陷落柱时;

(三)打开隔离煤柱放水时;

(四)接近可能与河流、湖泊、水库、蓄水池、水井等相通的导水通道时;

(五)接近有出水可能的钻孔时;

(六)接近水文地质条件不清的区域时;

(七)接近有积水的灌浆区时;

(八)接近其他可能突水的地区时。

《防治水细则》第三十九条 严格执行井下探放水"三专"要求。由专业技术人员编制探放水设计,采用专用钻机进行探放水,由专职探放水队伍施工。严禁使用非专用钻机探放水。

严格执行井下探放水"两探"要求。采掘工作面超前探放水应当同时采用钻探、物探两种方法,做到相互验证，查清采掘工作面及周边老空水、含水层富水性以及地质构造等情况。有条件的矿井，钻探可采用定向钻机，开展长距离、大规模探放水。

《规程》第二百八十二条 煤矿防治水工作应当坚持"预测预报、有疑必探、先探后掘、先治后采"基本原则，采取"防、堵、疏、排、截"综合防治措施。

《规程》第三百零三条 顶、底板存在强富水含水层且有突水危险的采掘工作面，应当提前编制防治水设计，制定并落实水害防治措施。

在火成岩、砂岩、灰岩等厚层坚硬岩层下开采受离层水威胁的采煤工作面，应当分析探查离层发育的层位和导含水情况，超前采取防治措施。

开采浅埋深煤层或者急倾斜煤层的矿井，必须编制防止季节性地表积水或者洪水溃入井下的专项措施，并由煤矿企业主要负责人审批。

《规程》第三百一十七条 在地面无法查明水文地质条件时，应当在采掘前采用物探、钻探或者化探等方法查清采掘工作面及其周围的水文地质条件。

采掘工作面遇有下列情况之一时，应当立即停止施工，确定探水线，实施超前探放水，经确认无水害威胁后，方可施工：

（一）接近水淹或者可能积水的井巷、老空区或者相邻煤矿时。

（二）接近含水层、导水断层、溶洞和导水陷落柱时。

（三）打开隔离煤柱放水时。

（四）接近可能与河流、湖泊、水库、蓄水池、水井等相通的导水通道时。

（五）接近有出水可能的钻孔时。

（六）接近水文地质条件不清的区域时。

（七）接近有积水的灌浆区时。

（八）接近其他可能突（透）水的区域时。

《规程》第三百一十八条 采掘工作面超前探放水应当采用钻探方法，同时配合物探、化探等其他方法查清采掘工作面及周边老空水、含水层富水性以及地质构造等情况。

井下探放水应当采用专用钻机，由专业人员和专职探放水队伍施工。

探放水前应当编制探放水设计，采取防止有害气体危害的安全措施。探放水结束后，应当提交探放水总结报告存档备查。

《重大隐患标准》第九条第（三）项 "有严重水患，未采取有效措施"重大事故隐患，是指有下列情形之一的：

（二）在需要探放水的区域进行采掘作业未按照国家规定进行探放水的。

《特别规定》第八条第（六）项 煤矿的通风、防瓦斯、防水、防火、防煤尘、防冒顶等安全设备、设施和条件应当符合国家标准、行业标准，并有防范生产安全事故发生的措施和完善的应急处理预案。

煤矿有下列重大安全生产隐患和行为的，应当立即停止生产，排除隐患：

（六）有严重水患，未采取有效措施的。

《特别规定》第十条第一款 煤矿有本规定第八条第二款所列情形之一，仍然进行生产的，由县级以上地方人民政府负责煤矿安全生产监督管理的部门或者煤矿安全监察机构责令停产整顿，提出整顿的内容、时间等具体要求，处50万元以上200万元以下的罚款；对煤矿企业负责人处3万元以上15万元以下的罚款。

《特别规定》第十一条第一款 对被责令停产整顿的煤矿，颁发证照的部门应当暂扣采矿许可证、安全生产许可证、煤炭生产许可证、营业执照和矿长资格证、矿长安全资格证。

《安全生产法》第一百零二条 生产经营单位未采取措施消除事故隐患的，责令立即消除或者限期消除，处五万元以下的罚款；生产经营单位拒不执行的，责令停产停业整顿，对其直接负责的主管人员和其他直接责任人员处五万元以上十万元以下的罚款；构成犯罪的，依照刑法有关规定追究刑事责任。

九、防隔水煤（岩）柱

（一）检查要点。

1. 相邻矿井的分界处，应当留设防隔水煤（岩）柱。矿井以断层分界的，应当在断层两侧留设防隔水煤（岩）柱。

2. 有下列情况之一的，应当留设防隔水煤（岩）柱：

（1）煤层露头风化带；

（2）在地表水体、含水冲积层下或者水淹区域邻近地带；

（3）与富水性强的含水层间存在水力联系的断层、裂隙带或者强导水断层接触的煤层；

（4）有大量积水的老空；

（5）导水、充水的陷落柱、岩溶洞穴或者地下暗河；

（6）分区隔离开采边界；

（7）受保护的观测孔、注浆孔和电缆孔等。

3. 严禁在各类防隔水煤（岩）柱中进行采掘活动。

（二）执法要求。

未按照国家规定留设或者擅自开采（破坏）各种防隔水煤（岩）柱的，责令停产整顿，暂扣安全生产许可证；对煤矿处50万元以上200万元以下的罚款；对煤矿负责人处3万元以上15万元以下的罚款。

（三）执法依据。

1.《防治水细则》第八十四条、第九十一条、第九十二条、第九十三条、第九十四条。

2.《规程》第二百九十七条。

3.《重大隐患标准》第九条第（四）项。

4.《特别规定》第八条第（六）项、第十条第一款、第十一条第一款。

（四）有关解读。

1. 根据《〈重大隐患标准〉解读》，"未按照国家规定留设各种防隔水煤（岩）柱的"是指存在下列情形之一的：

（1）未按照《防治水细则》第九十一条、第九十二条有关规定，以下位置未留设防隔水煤（岩）柱的：①相邻矿井的分界处；②煤层露头风化带；③在地表水体、含水冲积层下或者水淹区域邻近地带；

④与富水性强的含水层间存在水力联系的断层、裂缝带或者强导水断层接触的煤层；⑤有大量积水的老空；⑥导水、充水的陷落柱、岩溶洞穴或者地下暗河；⑦分区隔离开采边界；⑧受保护的观测孔、注浆孔和电缆孔等。

（2）防隔水煤（岩）柱的尺寸不符合《防治水细则》附录六要求，或者小于 20 m 的。

2. 根据《〈重大隐患标准〉解读》，"擅自开采（破坏）各种防隔水煤（岩）柱的"是指违反《防治水细则》第九十四条有关规定，随意变动或者在防隔水煤（岩）柱中进行采掘活动的（当地质、水文条件发生变化，经探查分析，可缩小防隔水煤（岩）柱尺寸、提高开采上限的，进行了可行性研究和工程验证，组织有关专家论证评价，并经煤矿上级企业主要负责人审批的除外），或者以"探巷"等名义进入或在采掘活动中损坏防隔水煤（岩）柱的。

《防治水细则》第八十四条　在矿井、水平、采区设计时必须划定受河流、湖泊、水库、采煤塌陷区和海域等地表水体威胁的开采区域。受地表水体威胁区域的近水体下开采，应当留足防隔水煤（岩）柱。

在松散含水层下开采时，应当按照水体采动等级留设防水、防砂或者防塌等不同类型的防隔水煤（岩）

柱。

在基岩含水层（体）或者含水断裂带下开采时，应当对开采前后覆岩的渗透性及含水层之间的水力联系进行分析评价，确定采用留设防隔水煤（岩）柱或者采用疏干（降）等方法保证安全开采。

《防治水细则》第九十一条 相邻矿井的分界处，应当留设防隔水煤（岩）柱。矿井以断层分界的，应当在断层两侧留设防隔水煤（岩）柱。

《防治水细则》第九十二条 有下列情况之一的，应当留设防隔水煤（岩）柱：

（一）煤层露头风化带；

（二）在地表水体、含水冲积层下或者水淹区域邻近地带；

（三）与富水性强的含水层间存在水力联系的断层、裂隙带或者强导水断层接触的煤层；

（四）有大量积水的老空；

（五）导水、充水的陷落柱、岩溶洞穴或者地下暗河；

（六）分区隔离开采边界；

（七）受保护的观测孔、注浆孔和电缆孔等。

《防治水细则》第九十三条 矿井应当根据地质构造、水文地质条件、煤层赋存条件、围岩物理力学性质、开采方法及岩层移动规律等因素确定相应的防隔水煤（岩）柱的尺寸。防隔水煤（岩）柱的尺寸要求见附录六，但不得小于20 m。

防隔水煤（岩）柱应当由矿井地测部门组织编制专门设计，经煤炭企业总工程师组织有关单位审批后实施。

《煤矿防治水细则》附录六
防隔水煤(岩)柱的尺寸要求

一、煤层露头防隔水煤（岩）柱的留设

1. 煤层露头无覆盖或者被黏土类微透水松散层覆盖时，其计算公式为

$$H_f = H_k + H_b \quad (附6-1)$$

2. 煤层露头被松散富水性强的含水层覆盖时（附图6-1），其计算公式为

$$H_f = H_d + H_b \quad (附6-2)$$

式中　H_f——防隔水煤(岩)柱高度，m；

H_k——垮落带高度，m；

H_d——最大导水裂隙带高度，m；

H_b——保护层厚度，m。

式中 H_k、H_d 的计算，参照《建筑物、水体、铁路及主要井巷煤柱留设与压煤开采规范》的相关规定。

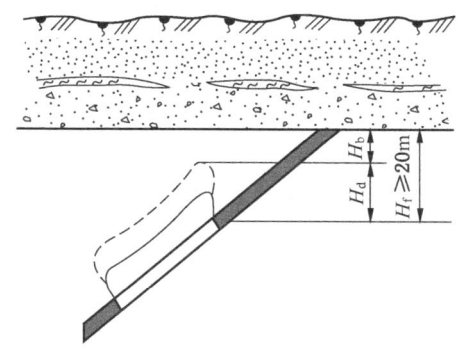

附图6-1 煤层露头被松散富水性强含水层
覆盖时防隔水煤(岩)柱留设图

二、含水或者导水断层防隔水煤(岩)柱的留设

可以参照下列经验公式计算(附图6-2):

$$L = 0.5KM\sqrt{\frac{3p}{K_p}} \qquad (附6-3)$$

式中 L——煤柱留设的宽度,m;

K——安全系数,一般取2~5;

M——煤层厚度或者采高,m;

p——实际水头值,MPa;

K_p——煤的抗拉强度,MPa。

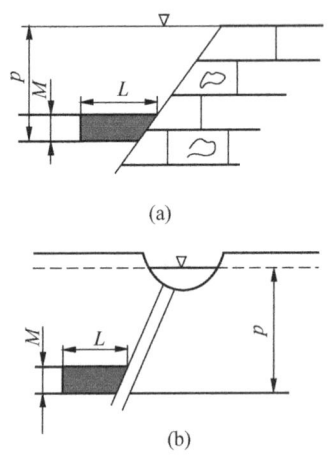

附图 6-2 含水或者导水断层防隔水煤（岩）柱留设图

三、煤层与强含水层或者导水断层接触防隔水煤（岩）柱的留设

1. 当含水层顶面高于最高导水裂隙带上限时，防隔水煤（岩）柱可以按附图 6-3a、附图 6-3b 留设。其计算公式为

$$L = L_1 + L_2 + L_3 = H_a \csc\theta + H_d \cot\theta + H_d \cot\delta \quad (\text{附 } 6-4)$$

2. 最高导水裂隙带上限高于断层上盘含水层时，防隔水煤（岩）柱按附图 6-3c 留设。其计算公式为

$$L = L_1 + L_2 + L_3 = H_a(\sin\delta - \cos\delta\cot\theta) + (H_a\cos\delta + M)(\cot\theta + \cot\delta)$$

$$(\text{附 } 6-5)$$

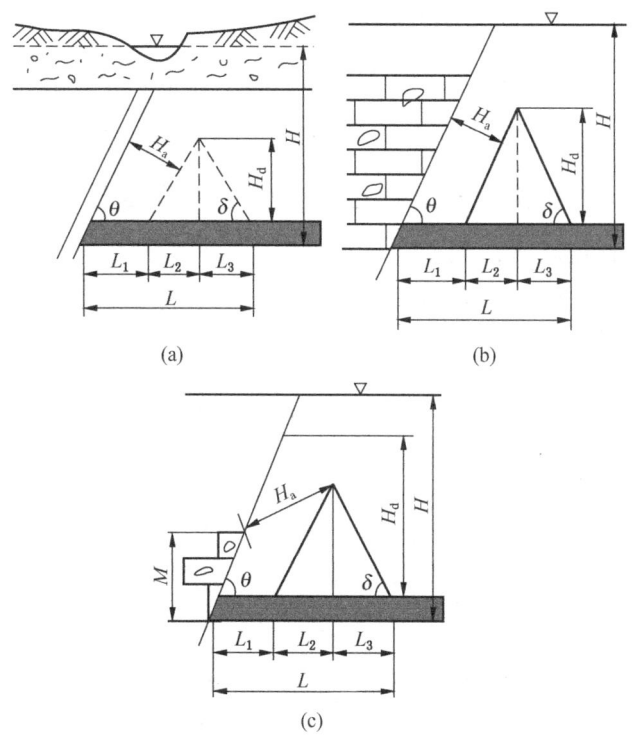

附图 6-3 煤层与富水性强的含水层或者导水
断层接触时防隔水煤（岩）柱留设图

式中　　　　L——防隔水煤（岩）柱宽度，m；
　　L_1、L_2、L_3——防隔水煤（岩）柱各分段宽度，m；
　　　　　　H_d——最大导水裂隙带高度，m；
　　　　　　θ——断层倾角，(°)；
　　　　　　δ——岩层塌陷角，(°)；

M——断层上盘含水层顶面高出下盘煤层底板的高度，m；

H_a——安全防隔水煤（岩）柱的宽度，m。

H_a 值应当根据矿井实际观测资料来确定，即通过总结本矿区在断层附近开采时发生突水和安全开采的地质、水文地质资料，按公式（附5-2）计算其临界突水系数 T_s，并将各计算值标到以 T_s 为横轴、以埋藏深度 H_0 为纵轴的坐标系内，找出 T_s 值的安全临界线（附图6-4）。

H_a 值也可以按下列公式计算：

$$H_a = \frac{p}{T_s} + 10 \qquad (附6-6)$$

式中　p——防隔水煤（岩）柱所承受的实际水头值，MPa；

　　　T_s——临界突水系数，MPa/m；

　　　10——保护层厚度，一般取 10 m。

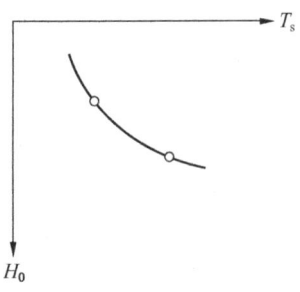

附图6-4　T_s 和 H_0 关系曲线图

本矿区如无实际突水系数，可以参考其他矿区资料，但选用时应当综合考虑隔水层的岩性、物理力学性质、巷道跨度或者工作面的空顶距、采煤方法和顶板控制方法等一系列因素。

四、煤层位于含水层上方且断层导水时防隔水煤（岩）柱的留设

1. 在煤层位于含水层上方且断层导水的情况下（附图6-5），防隔水煤（岩）柱的留设应当考虑2个方向上的压力：一是煤层底部隔水层能否承受下部含水层水的压力；二是断层水在顺煤层方向上的压力。

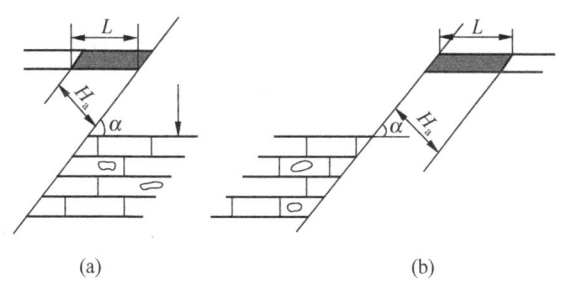

附图6-5 煤层位于含水层上方且断层导水时防隔水煤（岩）柱留设图

当考虑底部压力时，应当使煤层底板到断层面之间的最小距离（垂距），大于安全防隔水煤（岩）柱宽度

H_a 的计算值,但不得小于 20 m。其计算公式为

$$L = \frac{H_a}{\sin\alpha} \qquad (附6-7)$$

式中　　L——防隔水煤(岩)柱宽度,m;

　　　　H_a——安全防隔水煤(岩)柱的宽度,m;

　　　　α——断层倾角,(°)。

当考虑断层水在顺煤层方向上的压力时,按附录六之二计算煤柱宽度。

根据以上两种方法计算的结果,取用较大的数值,但仍不得小于 20 m。

2. 如果断层不导水(附图 6-6),防隔水煤(岩)柱的留设尺寸,应当保证含水层顶面与断层面交点至煤层底板间的最小距离,在垂直于断层走向的剖面上大于安全防隔水煤(岩)柱宽度 H_a,但不得小于 20 m。

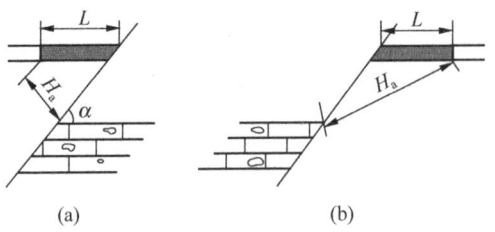

附图 6-6　煤层位于含水层上方且断层不导水时防隔水煤(岩)柱留设图

五、水淹区域下采掘时防隔水煤（岩）柱的留设

1. 巷道在水淹区域下掘进时，巷道与水体之间的最小距离，不得小于巷道高度的 10 倍；

2. 在水淹区域下同一煤层中进行开采时，若水淹区域的界线已基本查明，防隔水煤（岩）柱的尺寸应当按附录六之二的规定留设；

3. 在水淹区域下的煤层中进行回采时，防隔水煤（岩）柱的尺寸，不得小于最大导水裂隙带高度与保护层厚度之和。

六、保护地表水体防隔水煤（岩）柱的留设

保护地表水体防隔水煤（岩）柱的留设，可以参照《建筑物、水体、铁路及主要井巷煤柱留设与压煤开采规范》执行。

七、保护通水钻孔防隔水煤（岩）柱的留设

根据钻孔测斜资料换算钻孔见煤点坐标，按附录六之二的办法留设防隔水煤（岩）柱，如无测斜资料，应当考虑钻孔可能偏斜的误差。

八、相邻矿(井)人为边界防隔水煤(岩)柱的留设

1. 水文地质类型简单、中等的矿井，可以采用垂直法留设，但总宽度不得小于 40 m；

2. 水文地质类型复杂、极复杂的矿井，应当根据煤层赋存条件、地质构造、静水压力、开采煤层上覆岩层移动角、导水裂隙带高度等因素确定；

3. 多煤层开采，当上、下两层煤的层间距小于下层煤开采后的导水裂隙带高度时，下层煤的边界防隔水煤（岩）柱，应当根据最上一层煤的岩层移动角和煤层间距向下推算（附图6-7a）；当上、下两层煤之间的层间距大于下层煤开采后的导水裂隙带高度时，上、下煤层的防隔水煤（岩）柱，可以分别留设（附图6-7b）。

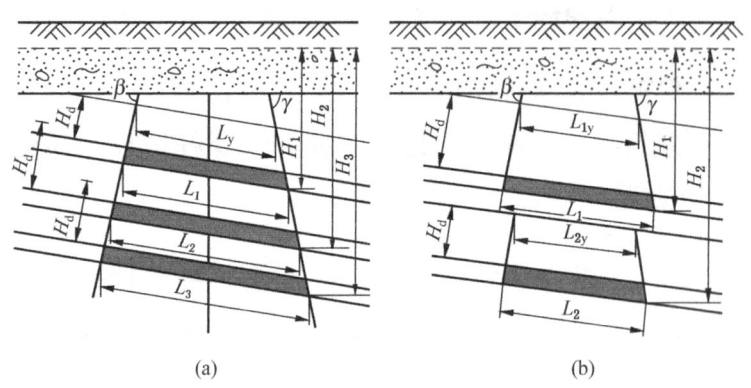

(a)   (b)

L_y、L_{1y}、L_{2y}—导水裂隙带上限岩柱宽度；L_1—上层煤防水煤柱宽度；

L_2、L_3—下层煤防水煤柱宽度；γ—上山岩层移动角；

β—下山岩层移动角；H_d—最大导水裂隙带高度；

H_1、H_2、H_3—各煤层底板以上的静水位高度

附图6-7 多煤层开采边界防隔水煤（岩）柱留设图

导水裂隙带上限岩柱宽度 L_y 的计算，可以采用下列公式：

$$L_y = \frac{H - H_d}{10} \times \frac{1}{\lambda}$$ （附6-8）

式中 　L_y——导水裂隙带上限岩柱宽度，m；

　　　H——煤层底板以上的静水位高度，m；

　　　H_d——最大导水裂隙带高度，m；

　　　λ——水压与岩柱宽度的比值，可以取1。

九、以断层为界的井田防隔水煤（岩）柱的留设

以断层为界的井田，其边界防隔水煤（岩）柱可以参照断层煤柱留设，但应当考虑井田另一侧煤层的情况，以不破坏另一侧所留煤（岩）柱为原则（除参照断层煤柱的留设外，尚可参考附图6-8所示的例图）。

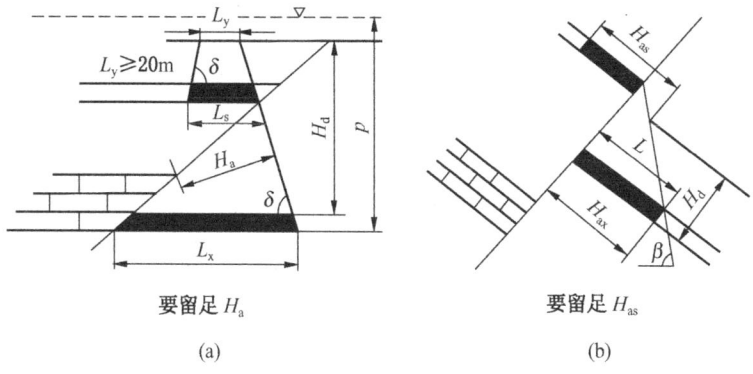

要留足 H_a　　　　　　　要留足 H_{as}

(a)　　　　　　　　　(b)

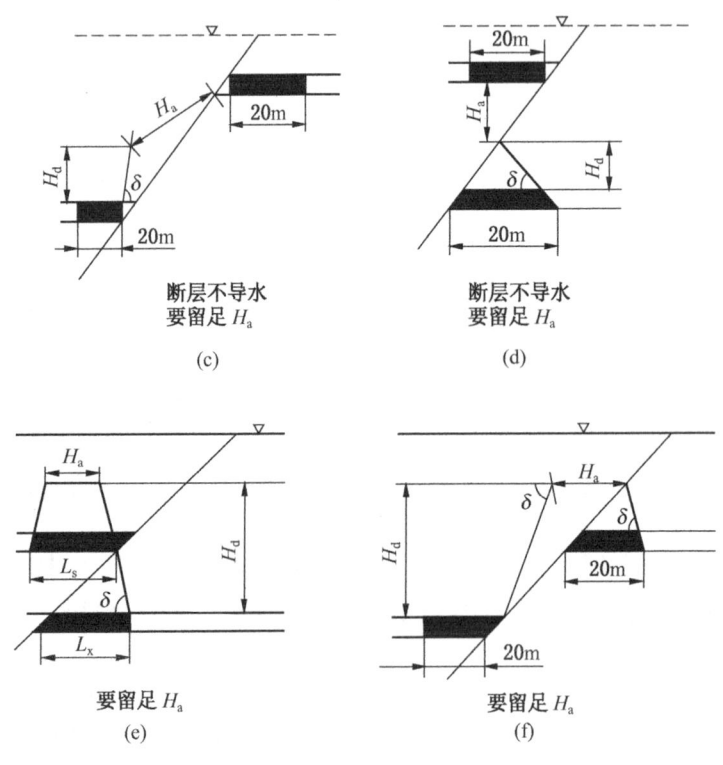

L—煤柱宽度;L_s、L_x—上、下煤层的煤柱宽度;

L_y—导水裂隙带上限岩柱宽度;H_a、H_{as}、H_{ax}—安全防水岩柱宽度;

H_d—最大导水裂隙带高度;p—底板隔水层承受的实际水头值

附图6-8 以断层分界的井田防隔水煤(岩)柱留设图

《防治水细则》第九十四条 矿井防隔水煤(岩)柱一经确定,不得随意变动。严禁在各类防隔水煤(岩)柱中进行采掘活动。

《规程》第二百九十七条 相邻矿井的分界处,应当留防隔水煤（岩）柱；矿井以断层分界的，应当在断层两侧留有防隔水煤（岩）柱。

矿井防隔水煤（岩）柱一经确定，不得随意变动，并通报相邻矿井。严禁在设计确定的各类防隔水煤（岩）柱中进行采掘活动。

《重大隐患标准》第九条第（四）项 "有严重水患，未采取有效措施"重大事故隐患，是指有下列情形之一的：

（四）未按照国家规定留设或者擅自开采（破坏）各种防隔水煤（岩）柱的。

《特别规定》第八条第（六）项 煤矿的通风、防瓦斯、防水、防火、防煤尘、防冒顶等安全设备、设施和条件应当符合国家标准、行业标准，并有防范生产安全事故发生的措施和完善的应急处理预案。

煤矿有下列重大安全生产隐患和行为的，应当立即停止生产，排除隐患：

（六）有严重水患，未采取有效措施的。

《特别规定》第十条第一款 煤矿有本规定第八条第二款所列情形之一，仍然进行生产的，由县级以上地方人民政府负责煤矿安全生产监督管理的部门或者煤矿安全监察机构责令停产整顿，提出整顿的内容、时间等具体要求，处50万元以上200万元以下的罚款；对煤矿企业负责人处3万元以上15万元以下的罚款。

《特别规定》第十一条第一款 对被责令停产整顿的煤矿,颁发证照的部门应当暂扣采矿许可证、安全生产许可证、煤炭生产许可证、营业执照和矿长资格证、矿长安全资格证。

十、采掘工作面水害分析与评价

（一）检查要点。

1. 掘进工作面提出水文地质情况分析报告和水害防治措施。
2. 回采工作面提出专门水文地质情况评价报告和水害隐患治理情况分析报告。
3. 煤矿总工程师组织生产、安检、地测等有关单位审批。

（二）执法要求。

1. 在受水害威胁的区域掘进巷道时，未提出水文地质情况分析报告和水害防治措施或未经审批的，责令改正。
2. 工作面回采时，未提出专门水文地质情况评价报告和水害隐患治理情况分析报告或未经审批的，责令改正。

（三）执法依据。

《防治水细则》第四十条、第四十一条。

《防治水细则》第四十条 矿井受水害威胁的区域，巷道掘进前，地测部门应当提出水文地质情况分析报告和水害防治措施，由煤矿总工程师组织生产、安检、地测等有关单位审批。

《防治水细则》第四十一条 工作面回采前，应当查清采煤工作面及周边老空水、含水层富水性和断层、陷落柱含（导）水性等情况。地测部门应当提出专门水文地质情况评价报告和水害隐患治理情况分析报告，经煤矿总工程师组织生产、安检、地测等有关单位审批后，方可回采。发现断层、裂隙或者陷落柱等构造充水的，应当采取注浆加固或者留设防隔水煤（岩）柱等安全措施；否则，不得回采。

十一、水体下采煤

(一)检查要点。

1. 水体下采煤应当编制专项开采方案设计,经有关专家论证,煤矿企业主要负责人审批后,方可进行试采。

2. 严禁开采地表水体、强含水层、采空区水淹区域下且水患威胁未消除的急倾斜煤层。

3. 放顶煤开采后有可能与地表水、老窑积水和强含水层导通的,严禁采用放顶煤开采。

(二)执法要求。

1. 未按要求编制专项开采方案设计进行水体下试采的,责令改正。

2. 开采地表水体、老空水淹区域或者强含水层下急倾斜煤层未按照国家规定消除水患威胁的,责令停产整顿,暂扣安全生产许可证;对煤矿处50万元以上200万元以下的罚款;对煤矿负责人处3万元以上15万元以下的罚款。

3. 放顶煤开采后有可能与地表水、老窑积水和强含水层导通的，责令立即停止作业，处5万元以下的罚款；煤矿拒不执行的，责令停产整顿，对其直接负责的主管人员和其他直接责任人员处5万元以上10万元以下的罚款。

（三）执法依据。

1.《防治水细则》第八十五条、第八十八条。

2.《规程》第一百一十五条第二款第（四）项、第一百二十三条、第二百九十九条。

3.《重大隐患标准》第九条第（九）项。

4.《特别规定》第八条第（六）项、第十条第一款、第十一条第一款。

5.《煤矿安全监察条例》第二十四条。

6.《安全生产法》第一百零二条。

（四）有关解读。

1. 根据《〈重大隐患标准〉解读》，"开采地表水体、老空水淹区域或者强含水层下急倾斜煤层未按照国家规定消除水患威胁的"是指违反《规程》《防治水细则》有关规定，未采用地表水体迁移（或改道）、疏干老空水、注浆改造（或截流）等措施改变其水文地质性质、消除水患威胁的。

2."放顶煤开采后有可能与地表水、老窑积水和强含水层导通"中的"强含水层"包含松散含水层和离层水。

《防治水细则》第八十五条 水体下采煤，应当根据矿井水文地质及工程地质条件、开采方法、开采高度和顶板控制方法等，按照《建筑物、水体、铁路及主要井巷煤柱留设与压煤开采规范》中有关规定，编制专项开采方案设计，经有关专家论证，煤炭企业主要负责人审批后，方可进行试采。采煤过程中，应当严格按照批准的设计要求，控制开采范围、开采高度和防隔水煤（岩）柱尺寸。

《防治水细则》第八十八条 临近水体下的采掘工作，应当遵守下列规定：

（一）采用有效控制采高和开采范围的采煤方法，防止急倾斜煤层抽冒。在工作面范围内存在高角度断层时，采取有效措施，防止断层导水或者沿断层带抽冒破坏；

（二）在水体下开采缓倾斜及倾斜煤层时，宜采用倾斜分层长壁开采方法，并尽量减少第一、第二分层的采厚；上下分层同一位置的采煤间歇时间不得小于6个月，岩性坚硬顶板间歇时间适当延长。留设防砂和防塌煤（岩）柱，采用放顶煤开采方法时，先试验后推广；

（三）严禁开采地表水体、老空水淹区域、强含水层下且水患威胁未消除的急倾斜煤层；

（四）开采煤层组时，采用间隔式采煤方法。如果仍不能满足安全开采的，修改煤柱设计，加大煤柱尺寸，保障矿井安全；

（五）当地表水体或者松散层富水性强的含水层下无隔水层时，开采浅部煤层及在采厚大、含水层富水性中等以上、预计导水裂隙带大于水体与开采煤层间距时，采用充填法、条带开采、顶板关键层弱化或者限制开采厚度等控制导水裂隙带发育高度的开采方法。对于易于疏降的中等富水性以上松散层底部含水层，可以采用疏降含水层水位或者疏干等方法，以保证安全开采；

（六）开采老空积水区内有陷落柱或者断层等构造发育的下伏煤层，在煤层间距大于预计的导水裂隙带波及范围时，还必须查明陷落柱或者断层等构造的导（含）水性，采取相应的防治措施，在隐患消除前不得开采。

《规程》第一百一十五条第二款第（四）项　有下列情形之一的，严禁采用放顶煤开采：

（四）放顶煤开采后有可能与地表水、老窑积水和强含水层导通的。

《规程》第一百二十三条　建（构）筑物下、水体下、铁路下，以及主要井巷煤柱开采，必须经过试采。

试采前，必须按其重要程度以及可能受到的影响，采取相应技术措施并编制开采设计。

《规程》第二百九十九条 受水淹区积水威胁的区域，必须在排除积水、消除威胁后方可进行采掘作业；如果无法排除积水，开采倾斜、缓倾斜煤层的，必须按照《建筑物、水体、铁路及主要井巷煤柱留设与压煤开采规程》中有关水体下开采的规定，编制专项开采设计，由煤矿企业主要负责人审批后，方可进行。

严禁开采地表水体、强含水层、采空区水淹区域下且水患威胁未消除的急倾斜煤层。

《重大隐患标准》第九条第（九）项 "有严重水患，未采取有效措施"重大事故隐患，是指有下列情形之一的：

（九）开采地表水体、老空水淹区域或者强含水层下急倾斜煤层，未按照国家规定消除水患威胁的。

《特别规定》第八条第（六）项 煤矿的通风、防瓦斯、防水、防火、防煤尘、防冒顶等安全设备、设施和条件应当符合国家标准、行业标准，并有防范生产安全事故发生的措施和完善的应急处理预案。

煤矿有下列重大安全生产隐患和行为的，应当立即停止生产，排除隐患：

（六）有严重水患，未采取有效措施的。

《特别规定》第十条第一款 煤矿有本规定第八条

第二款所列情形之一，仍然进行生产的，由县级以上地方人民政府负责煤矿安全生产监督管理的部门或者煤矿安全监察机构责令停产整顿，提出整顿的内容、时间等具体要求，处 50 万元以上 200 万元以下的罚款；对煤矿企业负责人处 3 万元以上 15 万元以下的罚款。

《特别规定》第十一条第一款　对被责令停产整顿的煤矿，颁发证照的部门应当暂扣采矿许可证、安全生产许可证、煤炭生产许可证、营业执照和矿长资格证、矿长安全资格证。

《煤矿安全监察条例》第二十四条　煤矿安全监察机构发现煤矿矿井通风、防火、防水、防瓦斯、防毒、防尘等安全设施和条件不符合国家安全标准、行业安全标准、煤矿安全规程和行业技术规范要求的，应当责令立即停止作业或者责令限期达到要求。

《安全生产法》第一百零二条　生产经营单位未采取措施消除事故隐患的，责令立即消除或者限期消除，处五万元以下的罚款；生产经营单位拒不执行的，责令停产停业整顿，对其直接负责的主管人员和其他直接责任人员处五万元以上十万元以下的罚款；构成犯罪的，依照刑法有关规定追究刑事责任。

十二、排水系统

（一）检查要点。

1. 水泵、排水管路、水仓、沉淀池等符合相关要求，井下主要泵房应当实现地面远程控制。

2. 水文地质类型复杂、极复杂或者有突水淹井危险的矿井，应当在井底车场周围设置防水闸门或者在正常排水系统基础上另外安设潜水泵排水系统。

3. 建设矿井进入三期工程前，必须按设计建成永久排水系统。

（二）执法要求。

1. 矿井主要排水系统水泵排水能力、管路和水仓容量不符合《规程》规定的，责令停产整顿，暂扣安全生产许可证；对煤矿处 50 万元以上 200 万元以下的罚款；对煤矿负责人处 3 万元以上 15 万元以下的罚款。

2. 建设矿井进入三期工程前，未按照设计建成永久排水系统，或者生产矿井延深到设计水平时，未建成防、排水系统而违规开拓掘进的，责令停产整顿，对煤矿处 50 万元以上 200 万元以下的罚款；对煤矿负责人处 3 万元以上 15 万元以下的罚款。

（三）执法依据。

1.《防治水细则》第九十六条、第一百零六条、第一百零七条、第一百零八条、第一百零九条。

2.《规程》第三百一十一条、第三百一十二条、第三百一十三条、第三百一十四条。

3.《重大隐患标准》第九条第（七）项、第（八）项。

4.《特别规定》第八条第（六）项、第十条第一款、第十一条第一款。

（四）有关解读。

1. 根据《〈重大隐患标准〉解读》，"主要排水系统水泵排水能力、管路和水仓容量不符合《规程》规定"是指不符合《规程》第三百一十一条有关规定，工作水泵的能力不能在 20 h 内排出矿井 24 h 的正常涌水量（包括充填水及其他用水）的，或者备用水泵的能力小于工作水泵能力的 70% 的，或者检修水泵的能力小于工作水泵能力的 25% 的，或者工作和备用水泵的总能力，不能在 20 h 内排出矿井 24 h 的最大涌水量的。

2. 根据《〈重大隐患标准〉解读》,"主要排水系统排水管路不符合《规程》规定"是指不符合《规程》第三百一十一条有关规定,工作排水管路的能力不能配合工作水泵在20 h内排出矿井24 h的正常涌水量的,或者工作和备用排水管路的总能力,不能配合工作和备用水泵在20 h内排出矿井24 h的最大涌水量的。

3. 根据《〈重大隐患标准〉解读》,"主要排水系统水仓容量不符合《规程》规定"是指不符合《规程》第三百一十三条有关规定,新建、改扩建矿井或者生产矿井的新水平,正常涌水量在1000 m^3/h以下时,主要水仓的有效容量不能容纳8 h的正常涌水量的,或者正常涌水量大于1000 m^3/h的矿井,主要水仓有效容量不足的,计算方式如下:

$$V = 2(Q + 3000)$$

式中　V——主要水仓的有效容量,m^3;

　　　Q——矿井每小时的正常涌水量,m^3。

4. 根据《〈重大隐患标准〉解读》,"永久排水系统"和"延深到设计水平的防、排水系统"是指《矿井初步设计》《延深水平设计》中设计的正规排水系统,其水仓容积、水泵、排水管数量和排水能力及配套系统必须符合《规程》和《防治水细则》的规定。

《防治水细则》第九十六条　水文地质类型复杂、

极复杂或者有突水淹井危险的矿井,应当在井底车场周围设置防水闸门或者在正常排水系统基础上另外安设由地面直接供电控制,且排水能力不小于最大涌水量的潜水泵排水系统。不具备形成独立潜水泵排水系统条件、与正常排水系统共用排水管路的老矿井,必须安装控制阀门,实现管路间的快速切换。

《防治水细则》第一百零六条 矿井应当配备与矿井涌水量相匹配的水泵、排水管路、配电设备和水仓等,并满足矿井排水的需要。除正在检修的水泵外,应当有工作水泵和备用水泵。工作水泵的能力,应当能在 20 h 内排出矿井 24 h 的正常涌水量(包括充填水及其他用水)。备用水泵的能力,应当不小于工作水泵能力的 70%。检修水泵的能力,应当不小于工作水泵的 25%。工作和备用水泵的总能力,应当能在 20 h 内排出矿井 24 h 的最大涌水量。

水文地质类型复杂、极复杂的矿井,除符合本条第一款规定外,可以在主泵房内预留一定数量的水泵安装位置,或者增加相应的排水能力。

排水管路应当有工作管路和备用管路。工作管路的能力,应当满足工作水泵在 20 h 内排出矿井 24 h 的正常涌水量。工作和备用管路的总能力,应当满足工作和备用水泵在 20 h 内排出矿井 24 h 的最大涌水量。

配电设备的能力应当与工作、备用和检修水泵的能力相匹配,能保证全部水泵同时运转。

《防治水细则》第一百零七条 矿井主要泵房至少有2个出口,一个出口用斜巷通到井筒,并高出泵房底板7 m以上;另一个出口通到井底车场,在此出口通路内,应当设置易于关闭的既能防水又能防火的密闭门。泵房和水仓的连接通道,应当设置控制闸门。

《防治水细则》第一百零八条 矿井主要水仓应当有主仓和副仓,当一个水仓清理时,另一个水仓能够正常使用。

新建、改扩建矿井或者生产矿井的新水平,正常涌水量在1000 m³/h以下时,主要水仓的有效容量应当能容纳所承担排水区域8 h的正常涌水量。

正常涌水量大于1000 m³/h的矿井,主要水仓有效容量可以按照下式计算

$$V = 2(Q + 3000) \qquad (5-1)$$

式中 V——主要水仓的有效容量,m^3;

Q——矿井每小时的正常涌水量,m^3。

采区水仓的有效容量应当能容纳4 h的采区正常涌水量,排水设备应当满足采区排水的需要。

矿井最大涌水量与正常涌水量相差大的矿井,排水能力和水仓容量应当由有资质的设计单位编制专门设计,由煤炭企业总工程师组织审批。

水仓进口处应当设置箅子。对水砂充填和其他涌水

中带有大量杂质的矿井,还应当设置沉淀池。各水仓的空仓容量应当经常保持在总容量的50%以上。

《防治水细则》第一百零九条 水泵、水管、闸阀、配电设备和线路,必须经常检查和维护。在每年雨季之前,应当全面检修1次,并对全部工作水泵、备用水泵及潜水泵进行1次联合排水试验,提交联合排水试验报告。

水仓、沉淀池和水沟中的淤泥,应当及时清理;每年雨季前必须清理1次。检修、清理工作应当做好记录,并存档备查。

《规程》第三百一十一条 矿井应当配备与矿井涌水量相匹配的水泵、排水管路、配电设备和水仓等,并满足矿井排水的需要。除正在检修的水泵外,应当有工作水泵和备用水泵。工作水泵的能力,应当能在20 h内排出矿井24 h的正常涌水量(包括充填水及其他用水)。备用水泵的能力,应当不小于工作水泵能力的70%。检修水泵的能力,应当不小于工作水泵能力的25%。工作和备用水泵的总能力,应当能在20 h内排出矿井24 h的最大涌水量。

排水管路应当有工作和备用水管。工作排水管路的能力,应当能配合工作水泵在20 h内排出矿井24 h的正常涌水量。工作和备用排水管路的总能力,应当能配合工作和备用水泵在20 h内排出矿井24 h的最大涌水量。

配电设备的能力应当与工作、备用和检修水泵的能力相匹配,能够保证全部水泵同时运转。

《规程》第三百一十二条 主要泵房至少有 2 个出口,一个出口用斜巷通到井筒,并高出泵房底板 7 m 以上;另一个出口通到井底车场,在此出口通路内,应当设置易于关闭的既能防水又能防火的密闭门。泵房和水仓的连接通道,应当设置控制闸门。

排水系统集中控制的主要泵房可不设专人值守,但必须实现图像监视和专人巡检。

《规程》第三百一十三条 矿井主要水仓应当有主仓和副仓,当一个水仓清理时,另一个水仓能够正常使用。

新建、改扩建矿井或者生产矿井的新水平,正常涌水量在 1000 m³/h 以下时,主要水仓的有效容量应当能容纳 8 h 的正常涌水量。

正常涌水量大于 1000 m³/h 的矿井,主要水仓有效容量可以按照下式计算:

$$V = 2(Q + 3000)$$

式中 V——主要水仓的有效容量,m³;

Q——矿井每小时的正常涌水量,m³。

采区水仓的有效容量应当能容纳 4 h 的采区正常涌水量。

水仓进口处应当设置箅子。对水砂充填和其他涌水中带有大量杂质的矿井，还应当设置沉淀池。水仓的空仓容量应当经常保持在总容量的50%以上。

《规程》第三百一十四条 水泵、水管、闸阀、配电设备和线路，必须经常检查和维护。在每年雨季之前，必须全面检修1次，并对全部工作水泵和备用水泵进行1次联合排水试验，提交联合排水试验报告。

水仓、沉淀池和水沟中的淤泥，应当及时清理，每年雨季前必须清理1次。

《重大隐患标准》第九条第（七）项、第（八）项 "有严重水患，未采取有效措施"重大事故隐患，是指有下列情形之一的：

（七）建设矿井进入三期工程前，未按照设计建成永久排水系统，或者生产矿井延深到设计水平时，未建成防、排水系统而违规开拓掘进的；

（八）矿井主要排水系统水泵排水能力、管路和水仓容量不符合《煤矿安全规程》规定的。

《特别规定》第八条第（六）项 煤矿的通风、防瓦斯、防水、防火、防煤尘、防冒顶等安全设备、设施和条件应当符合国家标准、行业标准，并有防范生产安全事故发生的措施和完善的应急处理预案。

煤矿有下列重大安全生产隐患和行为的，应当立即停止生产，排除隐患：

（六）有严重水患，未采取有效措施的。

《特别规定》第十条第一款 煤矿有本规定第八条第二款所列情形之一，仍然进行生产的，由县级以上地方人民政府负责煤矿安全生产监督管理的部门或者煤矿安全监察机构责令停产整顿，提出整顿的内容、时间等具体要求，处50万元以上200万元以下的罚款；对煤矿企业负责人处3万元以上15万元以下的罚款。

《特别规定》第十一条第一款 对被责令停产整顿的煤矿，颁发证照的部门应当暂扣采矿许可证、安全生产许可证、煤炭生产许可证、营业执照和矿长资格证、矿长安全资格证。

十三、防水闸门与防水闸墙

(一)检查要点。

1. 防水闸门设计符合有关规定。

2. 防水闸墙设计经煤矿企业总工程师批准后方可施工,投入使用前应当由煤矿企业总工程师组织竣工验收。

3. 每年对防水闸门进行2次关闭试验,其中1次在雨季前进行。

4. 定期巡查防水闸墙,雨季加密观测。

(二)执法要求。

防水闸门、防水闸墙的设计、竣工验收或管理不符合要求的,责令限期改正,处5万元以下的罚款;煤矿拒不执行、逾期未改正的,责令停产整顿,对其直接负责的主管人员和其他直接责任人员处5万元以上10万元以下的罚款。

（三）执法依据。

1.《防治水细则》第九十七条、第九十八条、第九十九条、第一百条。

2.《规程》第三百零八条、第三百零九条。

3.《安全生产法》第一百零二条。

《防治水细则》第九十七条　有突水危险的采区，应当在其附近设置防水闸门；不具备设置防水闸门条件的，应当制定防突水措施，由煤炭企业主要负责人审批。

《防治水细则》第九十八条　建筑防水闸门应当符合下列规定：

（一）防水闸门由具有相应资质的单位进行设计，门体应当采用定型设计；

（二）防水闸门的施工及其质量，应当符合设计要求。闸门和闸门硐室不得漏水；

（三）防水闸门硐室前、后两端，分别砌筑不小于5 m的混凝土护碹，碹后用混凝土填实，不得空帮、空顶。防水闸门硐室和护碹采用高标号水泥进行注浆加固，注浆压力应当符合设计要求；

（四）防水闸门来水一侧15～25 m处，加设1道挡物箅子门。防水闸门与箅子门之间，不得停放车辆或者堆放杂物。来水时，先关箅子门，后关防水闸门。如果采用双向防水闸门，应当在两侧各设 1 道箅子门；

（五）通过防水闸门的轨道、电机车架空线、带式输送机等必须灵活易拆。通过防水闸门墙体的各种管路和安设在闸门外侧的闸阀的耐压能力，与防水闸门所设计压力相一致。电缆、管道通过防水闸门墙体处，用堵头和阀门封堵严密，不得漏水；

（六）防水闸门必须安设观测水压的装置，并有放水管和放水闸阀；

（七）防水闸门竣工后，必须按照设计要求进行验收。对新掘进巷道内建筑的防水闸门，必须进行注水耐压试验；防水闸门内巷道的长度不得大于 15 m，试验的压力不得低于设计水压，其稳压时间在 24 h 以上，试压时应当有专门安全措施；

（八）防水闸门必须灵活可靠，并保证每年进行 2 次关闭试验，其中 1 次在雨季前进行。关闭闸门所用的工具和零配件必须专人保管，专门地点存放，不得挪用丢失。

第九十九条 井下防水闸墙的设置应当根据矿井水文地质条件确定，其设计经煤炭企业总工程师批准后方可施工，投入使用前应当由煤炭企业总工程师组织竣工验收。

第一百条 报废的暗井和倾斜巷道下口的密闭防水

闸墙必须留泄水孔，每月定期进行观测记录，雨季加密观测，发现异常及时处理。

《规程》第三百零八条 水文地质条件复杂、极复杂或者有突水淹井危险的矿井，应当在井底车场周围设置防水闸门或者在正常排水系统基础上另外安设由地面直接供电控制，且排水能力不小于最大涌水量的潜水泵。在其他有突水危险的采掘区域，应当在其附近设置防水闸门；不具备设置防水闸门条件的，应当制定防突（透）水措施，报企业主要负责人审批。

防水闸门应当符合下列要求：

（一）防水闸门必须采用定型设计。

（二）防水闸门的施工及其质量，必须符合设计。闸门和闸门硐室不得漏水。

（三）防水闸门硐室前、后两端，应当分别砌筑不小于5 m的混凝土护碹，碹后用混凝土填实，不得空帮、空顶。防水闸门硐室和护碹必须采用高标号水泥进行注浆加固，注浆压力应当符合设计。

（四）防水闸门来水一侧15~25 m处，应当加设1道挡物箅子门。防水闸门与箅子门之间，不得停放车辆或者堆放杂物。来水时先关箅子门，后关防水闸门。如果采用双向防水闸门，应当在两侧各设1道箅子门。

（五）通过防水闸门的轨道、电机车架空线、带式输送机等必须灵活易拆；通过防水闸门墙体的各种管路和安设在闸门外侧的闸阀的耐压能力,都必须与防水闸门设计压力相一致;电缆、管道通过防水闸门墙体时,必须用堵头和阀门封堵严密,不得漏水。

(六)防水闸门必须安设观测水压的装置,并有放水管和放水闸阀。

(七)防水闸门竣工后,必须按设计要求进行验收;对新掘进巷道内建筑的防水闸门,必须进行注水耐压试验,防水闸门内巷道的长度不得大于 15 m,试验的压力不得低于设计水压,其稳压时间应当在 24 h 以上,试压时应当有专门安全措施。

(八)防水闸门必须灵活可靠,并每年进行 2 次关闭试验,其中 1 次应当在雨季前进行。关闭闸门所用的工具和零配件必须专人保管,专地点存放,不得挪用丢失。

《规程》第三百零九条 井下防水闸墙的设置应当根据矿井水文地质条件确定,防水闸墙的设计经煤矿企业技术负责人批准后方可施工,投入使用前应当由煤矿企业技术负责人组织竣工验收。

《安全生产法》第一百零二条 生产经营单位未采取措施消除事故隐患的,责令立即消除或者限期消除,处五万元以下的罚款;生产经营单位拒不执行的,责令停产停业整顿,对其直接负责的主管人员和其他直接责任人员处五万元以上十万元以下的罚款;构成犯罪的,依照刑法有关规定追究刑事责任。

十四、超层越界

（一）检查要点。

矿井应当在采矿许可证批准的范围内开采，禁止越层、越界开采。

（二）执法要求。

发现煤矿超层越界开采的，应当及时移送自然资源部门并形成记录备查；或责令停产整顿，暂扣安全生产许可证；对煤矿处 50 万元以上 200 万元以下的罚款；对煤矿负责人处 3 万元以上 15 万元以下的罚款。

（三）执法依据。

1.《矿山安全法实施条例》第十三条。

2.《重大隐患标准》第十条第（一）项、第（二）项、第（三）项。

3.《特别规定》第八条第（七）项、第十条第一款、第十一条第一款。

4.《安全生产法》第六十九条。

（四）有关解读。

根据《重大隐患标准》第十条，"超层越界开采"重大事故隐患是指有下列情形之一的：

（1）超出采矿许可证载明的开采煤层层位或者标高进行开采的。

（2）超出采矿许可证载明的坐标控制范围进行开采的。

《矿山安全法实施条例》第十三条 矿山企业应当在采矿许可证批准的范围开采，禁止越层、越界开采。

《重大隐患标准》第十条第（一）项、第（二）项、第（三）项 "超层越界开采"重大事故隐患，是指有下列情形之一的：

（一）超出采矿许可证载明的开采煤层层位或者标高进行开采的；

（二）超出采矿许可证载明的坐标控制范围进行开采的；

（三）擅自开采（破坏）安全煤柱的。

《特别规定》第八条第（七）项 煤矿的通风、防瓦斯、防水、防火、防煤尘、防冒顶等安全设备、设施和条件应当符合国家标准、行业标准，并有防范生产安全事故发生的措施和完善的应急处理预案。

煤矿有下列重大安全生产隐患和行为的，应当立即停止生产，排除隐患：

（七）超层越界开采的。

《特别规定》第十条第一款　煤矿有本规定第八条第二款所列情形之一，仍然进行生产的，由县级以上地方人民政府负责煤矿安全生产监督管理的部门或者煤矿安全监察机构责令停产整顿，提出整顿的内容、时间等具体要求，处50万元以上200万元以下的罚款；对煤矿企业负责人处3万元以上15万元以下的罚款。

《特别规定》第十一条第一款　对被责令停产整顿的煤矿，颁发证照的部门应当暂扣采矿许可证、安全生产许可证、煤炭生产许可证、营业执照和矿长资格证、矿长安全资格证。

《安全生产法》第六十九条　负有安全生产监督管理职责的部门在监督检查中，应当互相配合，实行联合检查；确需分别进行检查的，应当互通情况，发现存在的安全问题应当由其他有关部门进行处理的，应当及时移送其他有关部门并形成记录备查，接受移送的部门应当及时进行处理。

十五、雨季"三防"

（一）检查要点。

1. 煤矿成立雨季"三防"领导机构，制定雨季防治水措施。

2. 煤矿应当与当地气象、水利、防汛等部门建立灾害性天气预警和预防机制。

3. 每年雨季之前对全部工作水泵、备用水泵及潜水泵进行 1 次联合排水试验。

4. 开采浅埋深煤层或者急倾斜煤层的矿井，必须编制防止季节性地表积水或者洪水溃入井下的专项措施，并由煤矿企业主要负责人审批。

5. 严禁在暴雨、洪水、雷电、台风过境等极端天气条件下安排人员入井作业。

（二）执法要求。

1. 煤矿未建立灾害性天气预警和预防机制或雨季前未进行联合排水试验的，责令限期改正，处 5 万元以下的罚款；煤矿拒不执行、逾期未改正的，责令停产整顿,对其直接负责的主管人员和其他直接责任人员处5万元以上10万元以下的罚款。

2. 受地表水倒灌威胁的矿井在强降雨天气或其来水上游发生洪水期间未实施停产撤人仍然进行生产的,责令停产整顿,暂扣安全生产许可证;对煤矿处50万元以上200万元以下的罚款;对煤矿负责人处3万元以上15万元以下的罚款。

(三)执法依据。

1.《防治水细则》第五十八条、第五十九条、第六十条、第六十一条、第一百零九条。

2.《规程》第二百八十九条、第二百九十条、第二百九十三条、第三百零三条、第三百一十四条。

3.《重大隐患标准》第九条第(六)项。

4.《特别规定》第八条第(六)项、第十条第一款、第十一条第一款。

5.《安全生产法》第一百零二条。

(四)有关解读。

1. 根据《〈重大隐患标准〉解读》,"受地表水倒灌"是指矿井井口或者其他导水通道(如与井下连通的地裂缝、废弃井筒等)标高低于历年最高洪水位,可能导致降水灌入井下的。

2. 根据《〈重大隐患标准〉解读》,"强降雨"一般是指暴雨及以上等级的降雨。其标准也可由各地区煤矿安全监管部门确定。

《防治水细则》第五十八条 每年雨季前,必须对煤矿防治水工作进行全面检查,制定雨季防治水措施,建立雨季巡视制度,组织抢险队伍并进行演练,储备足够的防洪抢险物资。对检查出的事故隐患,应当制定措施,落实资金,责任到人,并限定在汛期前完成整改。需要施工防治水工程的应当有专门设计,工程竣工后由煤矿总工程师组织验收。

《防治水细则》第五十九条 煤矿应当与当地气象、水利、防汛等部门进行联系,建立灾害性天气预警和预防机制。应当密切关注灾害性天气的预报预警信息,及时掌握可能危及煤矿安全生产的暴雨洪水灾害信息,采取安全防范措施;加强与周边相邻矿井信息沟通,发现矿井水害可能影响相邻矿井时,立即向周边相邻矿井发出预警。

《防治水细则》第六十条 煤矿应当建立暴雨洪水可能引发淹井等事故灾害紧急情况下及时撤出井下人员的制度,明确启动标准、指挥部门、联络人员、撤人程序和撤退路线等,当暴雨威胁矿井安全时,必须立即停产撤出井下全部人员,只有在确认暴雨洪水隐患消除后方可恢复生产。

《防治水细则》第六十一条 煤矿应当建立重点部位巡视检查制度。当接到暴雨灾害预警信息和警报后，对井田范围内废弃老窑、地面塌陷坑、采动裂隙以及可能影响矿井安全生产的河流、湖泊、水库、涵闸、堤防工程等实施 24 h 不间断巡查。矿区降大到暴雨时和降雨后，应当派专业人员及时观测矿井涌水量变化情况。

《防治水细则》第一百零九条 水泵、水管、闸阀、配电设备和线路，必须经常检查和维护。在每年雨季之前，应当全面检修 1 次，并对全部工作水泵、备用水泵及潜水泵进行 1 次联合排水试验，提交联合排水试验报告。

水仓、沉淀池和水沟中的淤泥，应当及时清理；每年雨季前必须清理 1 次。检修、清理工作应当做好记录，并存档备查。

《规程》第二百八十九条 煤矿每年雨季前必须对防治水工作进行全面检查。受雨季降水威胁的矿井，应当制定雨季防治水措施，建立雨季巡视制度并组织抢险队伍，储备足够的防洪抢险物资。当暴雨威胁矿井安全时，必须立即停产撤出井下全部人员，只有在确认暴雨洪水隐患消除后方可恢复生产。

《规程》第二百九十条 煤矿应当查清井田及周边地面水系和有关水利工程的汇水、疏水、渗漏情况；了解当地水库、水电站大坝、江河大堤、河道、河道中障碍物等情况；掌握当地历年降水量和最高洪水位资料，建立疏水、防水和排水系统。

煤矿应当建立灾害性天气预警和预防机制，加强与周边相邻矿井的信息沟通，发现矿井水害可能影响相邻矿井时，立即向周边相邻矿井发出预警。

《规程》第二百九十三条 降大到暴雨时和降雨后，应当有专业人员观测地面积水与洪水情况、井下涌水量等有关水文变化情况和井田范围及附近地面有无裂缝、采空塌陷、井上下连通的钻孔和岩溶塌陷等现象，及时向矿调度室及有关负责人报告，并将上述情况记录在案，存档备查。

情况危急时，矿调度室及有关负责人应当立即组织井下撤人。

《规程》第三百零三条 顶、底板存在强富水含水层且有突水危险的采掘工作面，应当提前编制防治水设计，制定并落实水害防治措施。

在火成岩、砂岩、灰岩等厚层坚硬岩层下开采受离层水威胁的采煤工作面，应当分析探查离层发育的层位和导含水情况，超前采取防治措施。

开采浅埋深煤层或者急倾斜煤层的矿井，必须编制防止季节性地表积水或者洪水溃入井下的专项措施，并由煤矿企业主要负责人审批。

《规程》第三百一十四条 水泵、水管、闸阀、配电设备和线路,必须经常检查和维护。在每年雨季之前,必须全面检修1次,并对全部工作水泵和备用水泵进行1次联合排水试验,提交联合排水试验报告。

水仓、沉淀池和水沟中的淤泥,应当及时清理,每年雨季前必须清理1次。

《重大隐患标准》第九条第(六)项 "有严重水患,未采取有效措施"重大事故隐患,是指有下列情形之一的:

(六)受地表水倒灌威胁的矿井在强降雨天气或其来水上游发生洪水期间未实施停产撤人的。

《特别规定》第八条第(六)项 煤矿的通风、防瓦斯、防水、防火、防煤尘、防冒顶等安全设备、设施和条件应当符合国家标准、行业标准,并有防范生产安全事故发生的措施和完善的应急处理预案。

煤矿有下列重大安全生产隐患和行为的,应当立即停止生产,排除隐患:

(六)有严重水患,未采取有效措施的。

《特别规定》第十条第一款 煤矿有本规定第八条第二款所列情形之一,仍然进行生产的,由县级以上地方人民政府负责煤矿安全生产监督管理的部门或者煤矿安全监察机构责令停产整顿,提出整顿的内容、时间等具体要求,处50万元以上200万元以下的罚款;对煤矿企业负责人处 3 万元以上 15 万元以下的罚款。

《特别规定》第十一条第一款 对被责令停产整顿的煤矿，颁发证照的部门应当暂扣采矿许可证、安全生产许可证、煤炭生产许可证、营业执照和矿长资格证、矿长安全资格证。

《安全生产法》第一百零二条 生产经营单位未采取措施消除事故隐患的，责令立即消除或者限期消除，处五万元以下的罚款；生产经营单位拒不执行的，责令停产停业整顿，对其直接负责的主管人员和其他直接责任人员处五万元以上十万元以下的罚款；构成犯罪的，依照刑法有关规定追究刑事责任。

十六、应急预案

（一）检查要点。

1. 每年雨季前至少组织开展1次水害应急预案演练。

2. 煤矿主要负责人必须赋予调度员、安检员、井下带班人员、班组长等相关人员紧急撤人的权力，发现突水（透水、溃水）征兆，立即撤出所有受水患威胁的人员。

3. 井下建立压风、供水、通信线路"三条生命线"并确保可靠管用。

4. 煤矿必须储备满足矿井最大涌水量的水害应急救援物资、装备（潜水泵、管路、电缆等）。

（二）执法要求。

1. 未按照规定制定生产安全事故应急救援预案或者未定期组织演练的，责令限期改正，处10万元以下的罚款；逾期未改正的，责令停产整顿，并处10万元以上20万元以下的罚款，对其直接负责的主管人员和其他直接责任人员处2万元以上5万元以下的罚款。

2. 有突（透、溃）水征兆未撤出井下所有受水患威胁地点人员的，责令停产整顿，暂扣安全生产许可证；对煤矿处50万元以上200万元以下的罚款；对煤矿负责人处3万元以上15万元以下的罚款。

3. 采掘工作面未按照国家规定安设压风、供水、通信线路及装置的，责令停产整顿，暂扣安全生产许可证；对煤矿处50万元以上200万元以下的罚款；对煤矿负责人处3万元以上15万元以下的罚款。

4. 煤矿未储备满足矿井最大涌水量的水害应急救援物资、装备的，责令限期改正，处5万元以下的罚款；煤矿拒不执行、逾期未改正的，责令停产整顿，对其直接负责的主管人员和其他直接责任人员处5万元以上10万元以下的罚款。

（三）执法依据。

1.《防治水细则》第五条、第一百二十二条、第一百二十三条、第一百二十四条。

2.《规程》第十七条、第二百八十九条、第二百九十三条、第五百零七条、第六百七十五条、第六百八十五条、第六百八十七条、第六百九十一条。

3.《重大隐患标准》第九条第（五）项、第十八条第（九）项。

4.《特别规定》第八条第（六）项、第（十五）项，第十条第一款，第十一条第一款。

5.《安全生产法》第八十一条、第九十七条第（六）项、第一百零二条。

（四）有关解读。

根据《〈重大隐患标准〉解读》，"采掘工作面未按照国家规定安设压风、供水、通信线路及装置"是指违反《规程》第六百九十一条、第五百零七条有关规定，存在下列条款情形之一的：

（1）突出与冲击地压煤层，未在距采掘工作面25～40 m的巷道内、回风巷有人作业处至少设置1组压风自救装置；其他矿井掘进工作面未敷设压风管路并设置供气阀门的。

（2）采掘工作面未安设供水管路的。

（3）采掘工作面及突出煤层采掘工作面附近，未安设直通矿调度室的有线调度电话。

《防治水细则》第五条 煤矿应当根据本单位的水害情况，配备满足工作需要的防治水专业技术人员，配齐专用的探放水设备，建立专门的探放水作业队伍，储备必要的水害抢险救灾设备和物资。

水文地质类型复杂、极复杂的煤矿，还应当设立专门的防治水机构、配备防治水副总工程师。

《防治水细则》第一百二十二条 煤炭企业、煤矿应当开展水害风险评估和应急资源调查工作，根据风险评估结论及应急资源状况，制定水害应急专项预案和现场处置方案，并组织评审，形成书面评审纪要，由本单位主要负责人批准后实施。应急预案内容应当具有针对性、科学性和可操作性。

《防治水细则》第一百二十三条 煤炭企业、煤矿应当组织开展水害应急预案、应急知识、自救互救和避险逃生技能的培训，使矿井管理人员、调度室人员和其他相关作业人员熟悉预案内容、应急职责、应急处置程序和措施。

《防治水细则》第一百二十四条 每年雨季前至少组织开展1次水害应急预案演练。演练结束后，应当对演练效果进行评估，分析存在的问题，并对水害应急预案进行修订完善。演练计划、方案、记录和总结评估报告等资料保存期限不得少于2年。

《规程》第十七条 煤矿企业必须建立应急救援组织，健全规章制度，编制应急救援预案，储备应急救援物资、装备并定期检查补充。

煤矿必须建立矿井安全避险系统，对井下人员进行安全避险和应急救援培训，每年至少组织1次应急演练。

《规程》第二百八十九条　煤矿每年雨季前必须对防治水工作进行全面检查。受雨季降水威胁的矿井，应当制定雨季防治水措施，建立雨季巡视制度并组织抢险队伍，储备足够的防洪抢险物资。当暴雨威胁矿井安全时，必须立即停产撤出井下全部人员，只有在确认暴雨洪水隐患消除后方可恢复生产。

《规程》第二百九十三条　降大到暴雨时和降雨后，应当有专业人员观测地面积水与洪水情况、井下涌水量等有关水文变化情况和井田范围及附近地面有无裂缝、采空塌陷、井上下连通的钻孔和岩溶塌陷等现象，及时向矿调度室及有关负责人报告，并将上述情况记录在案，存档备查。

情况危急时，矿调度室及有关负责人应当立即组织井下撤人。

《规程》第五百零七条　以下地点必须设有直通矿调度室的有线调度电话：矿井地面变电所、地面主要通风机房、主副井提升机房、压风机房、井下主要水泵房、井下中央变电所、井底车场、运输调度室、采区变电所、上下山绞车房、水泵房、带式输送机集中控制硐室等主要机电设备硐室、采煤工作面、掘进工作面、突出煤层采掘作面附近、爆破时撤离人员集中地点、突出矿井井下爆破起爆点、采区和水平最高点、避难硐室、瓦斯抽采泵房、爆炸物品库等。

有线调度通信系统应当具有选呼、急呼、全呼、强插、强拆、监听、录音等功能。有线调度通信系统的调度电话至调度交换机（含安全栅）必须采用矿用通信电缆直接连接，严禁利用大地作回路。严禁调度电话由井下就地供电，或者经有源中继器接调度交换机。调度电话至调度交换机的无中继器通信距离应当不小于10 km。

《规程》第六百七十五条 煤矿企业必须建立应急演练制度。应急演练计划、方案、记录和总结评估报告等资料保存期限不少于2年。

《规程》第六百八十五条 矿井应当设置井下应急广播系统，保证井下人员能够清晰听见应急指令。

《规程》第六百八十七条 采区避灾路线上应当设置压风管路，主管路直径不小于100 mm，采掘工作面管路直径不小于50 mm，压风管路上设置的供气阀门间隔不大于200 m。水文地质条件复杂和极复杂的矿井，应当在各水平、采区和上山巷道最高处敷设压风管路，并设置供气阀门。

采区避灾路线上应当敷设供水管路，在供气阀门附近安装供水阀门。

《规程》第六百九十一条 突出与冲击地压煤层，应当在距采掘工作面25~40 m的巷道内、爆破地点、撤离人员与警戒人员所在位置、回风巷有人作业处等地点，至少设置 1 组压风自救装置；在长距离的掘进巷道中，应当根据实际情况增加压风自救装置的设置组数。每组压风自救装置应当可供 5~8 人使用，平均每人空气供给量不得少于 0.1 m^3/min。

其他矿井掘进工作面应当敷设压风管路，并设置供气阀门。

《重大隐患标准》第九条第（五）项 "有严重水患，未采取有效措施"重大事故隐患，是指有下列情形之一的：

（五）有突（透、溃）水征兆未撤出井下所有受水患威胁地点人员的。

《重大隐患标准》第十八条第（九）项 "其他重大事故隐患"，是指有下列情形之一的：

（九）掘进工作面后部巷道或者独头巷道维修（着火点、高温点处理）时，维修（处理）点以里继续掘进或者有人员进入，或者采掘工作面未按照国家规定安设压风、供水、通信线路及装置的。

《特别规定》第八条第(六)项、第(十五)项 煤矿的通风、防瓦斯、防水、防火、防煤尘、防冒顶等安全设备、设施和条件应当符合国家标准、行业标准，并有防范生产安全事故发生的措施和完善的应急处理预案。

煤矿有下列重大安全生产隐患和行为的，应当立即停止生产，排除隐患：

（六）有严重水患，未采取有效措施的；

（十五）有其他重大安全生产隐患的。

《特别规定》第十条第一款 煤矿有本规定第八条第二款所列情形之一，仍然进行生产的，由县级以上地方人民政府负责煤矿安全生产监督管理的部门或者煤矿安全监察机构责令停产整顿，提出整顿的内容、时间等具体要求，处50万元以上200万元以下的罚款；对煤矿企业负责人处3万元以上15万元以下的罚款。

《特别规定》第十一条第一款 对被责令停产整顿的煤矿，颁发证照的部门应当暂扣采矿许可证、安全生产许可证、煤炭生产许可证、营业执照和矿长资格证、矿长安全资格证。

《安全生产法》第八十一条 生产经营单位应当制定本单位生产安全事故应急救援预案，与所在地县级以上地方人民政府组织制定的生产安全事故应急救援预案相衔接，并定期组织演练。

《安全生产法》第九十七条第（六）项 生产经营单位有下列行为之一的，责令限期改正，处十万元以下的罚款；逾期未改正的，责令停产停业整顿，并处十万元以上二十万元以下的罚款，对其直接负责的主管人员和其他直接责任人员处二万元以上五万元以下的罚款：

（六）未按照规定制定生产安全事故应急救援预案或者未定期组织演练的。

《安全生产法》第一百零二条 生产经营单位未采取措施消除事故隐患的,责令立即消除或者限期消除,处五万元以下的罚款;生产经营单位拒不执行的,责令停产停业整顿,对其直接负责的主管人员和其他直接责任人员处五万元以上十万元以下的罚款;构成犯罪的,依照刑法有关规定追究刑事责任。